تفاسیر

3,2,1 یوحنا

اور

یہوداہ کا خط

مصنف: ریورنڈ ایف۔وین۔میک لائیڈ

مترجم: مبشر انجیل عمانوایل داؤد

Light To My Path Book Distribution

Sydney Mines, NS Canada

جملہ حقوق بحق مصنف محفوظ ہیں

تفاسیر 3,2,1 یوحنا

اور یہوداہ کا خط

کاپی رائٹس 2011 بحق مصنف ایف۔وین۔میک لائیڈ محفوظ ہیں۔
چونکہ اِس کتاب کے تمام جملہ حقوق بحق مصنف محفوظ ہیں، اِس لئے اِس کتاب کا کوئی بھی حصہ مصنف کی تحریری اجازت کے بغیر شائع نہ کیا جائے۔

پبلشر سے پہلے تحریری منظوری کے بغیر کسی سسٹم میں محفوظ کرنا یا کسی بھی مقصد کی خاطر کہیں منتقل کرنا یا کسی برقیاتی یا مشینی طریقہ سے اِس کی عکاسی کرنا سخت منع ہے۔مگر قارئین کرام اور خادم الدین چھوٹا اقتباس کہیں تبصرہ یا جائزہ کے طور پر استعمال کر سکتے ہیں۔

"لائٹ ٹو مائے پاتھ بک ڈسٹری بیوشن" نے یہ کتاب (انگریزی زبان میں) 153 اٹلانٹک سٹریٹ، سڈنی مائنز، این ایس کینیڈا بی آئی وی 1y5 سے شائع کی۔

2

www.ingramcontent.com/pod-product-compliance
Lightning Source LLC
Chambersburg PA
CBHW070443090526
44586CB00046B/1769
* 9 7 8 1 9 2 7 9 9 8 7 5 5 *

نام کتاب	تفاسیر 3,2,1 یوحنا اور یہوداہ کا خط
مصنف	ریورنڈ ایف۔ وین۔ میک لائیڈ
مترجم	عمانوایل دیوان
کمپوزنگ	مبشرِ انجیل عمانوایل داؤد
پروف ریڈنگ	مسز رضیہ مسکان
ایڈیٹنگ	مس ویرونیکا
سن اشاعت	ستمبر 2011
تعداد	ایک ہزار
ہدیہ کتاب	100 روپے

رابطہ: عمانوایل داؤد 0092-300-4414069

Translated and Composed by Evangelist

Emmanuel Dewan.From Lahore,Pakistan

mathew_forjesus@yahoo.ca

Acknowledgment

I, the translator of these commentary books, hereby present my profound thanks to "Light to My Path Book Distribution" for the copy rights and financial assistance to translate and print Commentaries of Epistles of John and Epistle of Jude in Urdu language, the national language of Pakistan.

I believe these commentaries; with wonderful working knowledge of the Holy Bible, will change the attitude and behavior of believers and will build a unique character and practical model Christian life style in them.

People will see and understand True Christian Love with an urge to love others, especially believers with the love of Christ.
These Commentaries will have great impact on the behavior and character of believers.
Through the study of these commentaries, their mindset, attitude and thinking towards fellow Christian brothers and sisters will be totally changed.

Moreover, they will be aware of false teachers and prophets around them and void their false teachings and preaching

My dearest and Respected Brother in Christ,
F. Wayne Mac Leod, Thousands of thanks for your
kind consideration to join hands with me to bless

believers, leaders and Christian workers in Pakistan with your literature ministry.(LTMP)

I wish and pray for all the physical, spiritual and material blessings for you and your ministry.

May the Lord bless our collaboration for the edification, blessing and restoration of many in this lost and dying world!

From the core of my heart, I pray for all kind of divine blessings for those christiain brothers and sisters who are standing with you with their prayers and donations.

Emmanuel Dewan

Evangelist, Christian Book Translator and Bible study Facilitator
(From Pakistan)

دیباچہ

1 یوحنا کا خط اِس لئے لکھا گیا تا کہ ہم جانیں کہ ہم ہمیشہ کی زندگی رکھتے ہیں۔ اِس میں یوحنا رسول اُن رکاوٹوں پر روشنی ڈالتے ہیں جو ایک ایماندار اور خداوند کی رفاقت کے درمیان آسکتی ہیں۔ یوحنا رسول ہمارے سامنے چند ایک آزمائشوں کو پیش کرتے ہیں تا کہ ہمیں اِس بات کا تعین کرنے میں مدد ملے کہ آیا ہم حقیقی ایماندار ہیں یا نہیں۔ وہ بنیادی عناصر کی تہہ تک پہنچنے کے لئے ایمان کو کھنگالتا ہے۔ اور ہمیں اِس بات کا چیلنج دیتا ہے کہ ہم اپنی زندگی کا گہرے طور پر جائزہ لیتے ہوئے اِس بات پر غور کریں کہ آیا ہمارا ایمان حقیقی ہے یا نہیں۔

یوحنا رسول کے لکھے گئے دوسرے دو خطوط یعنی 2۔ یوحنا اور 3۔ یوحنا شخصی خطوط ہیں جو اُن ایمانداروں کی حوصلہ افزائی اور برکت کے لئے لکھے گئے جو اپنی زندگی میں ایک خاص قسم کی کشمکش اور جدوجہد سے گزر رہے ہیں۔ جبکہ 1۔ یوحنا ہمیں یہ سکھاتا ہے کہ ہم نے مسیح خداوند میں اپنے بھائیوں اور بہنوں سے کیسے رفاقت رکھنی ہے۔ یوحنا اپنے دوسرے دو خطوط میں خاص طور پر اِس بات کو واضح کرتا ہے۔

یہوداہ کا خط اُن جھوٹے استادوں کے مسئلہ پر بات چیت کرنے کے لئے لکھا گیا جو کلیسیا میں گھس آئے تھے اور ایماندار ہونے کا دعویٰ کرتے تھے۔ لیکن دراصل یہ تو کلیسیا میں

موجود ایمانداروں کی غلط راہنمائی کر رہے اور اُنہیں دھوکہ دے رہے تھے۔ یوحنا رسول اپنے قارئین کرام کو مشورہ دیتا ہے کہ ایمان کے لئے جانفشانی کریں اور ساتھ ہی اُنہیں یہ نصیحت کرتا ہے کہ کیسے اُنہوں نے دغا بازی اور جعل سازی سے بھری دُنیا میں مسیحی زندگی بسر کرنی ہے۔

زیرِ نظر تفسیر کے لکھنے کا قطعاً یہ مقصد نہیں کہ آپ بیٹھے بیٹھے ساری کتاب ہی کو پڑھ ڈالیں۔ بلکہ تفسیر کا مطالعہ کرنے سے قبل متعلقہ حوالہ جات کو بھی پڑھیں۔

موقع دیں کہ خداوند آپ سے ہم کلام ہو۔ اپنے گناہوں اور خامیوں کا اقرار کریں۔ مطالعہ کے دوران جب خداوند کسی بات کے لئے آپ کی حوصلہ افزئی کرے تو اُس کا شکر کریں۔ اِس تفسیر کے لکھنے کا مقصد قطعی طور پر خدا کے الہامی کلام کی جگہ لینا نہیں ہے۔ بلکہ اِس قلمی کاوش کا مقصد خدا کے کلام کا افہام، وضاحت اور روزمرہ زندگی میں اِس کا اطلاق کرنا ہے۔

میری دُعا ہے کہ خدا کا روح اِن حوالہ جات کو قاری کے لئے زندہ کرے اور وہ خدا کے کلام کو لفظوں سے کہیں بڑھ کا دیکھ اور سمجھ سکے۔ خداوند اِس مطالعہ کے وسیلہ سے آپ کو برکت دے۔

مصنف: ایف۔ وین۔ میک لائیڈ۔

مصنف کا تعارف

اگر چہ اِس خط میں مصنف کے نام کا ذکر نہیں پایا جاتا، تاہم زیادہ تر یہی سمجھا اور قبول کیا جاتا ہے کہ یوحنا رسول ہی اِس خط کا مصنف ہے۔ مصنف یعقوب رسول کا بھائی، ﴿متی 2:10.21:4﴾ اور زبدی کا بیٹا تھا جو کہ پیشہ کے اعتبار سے ماہی گیر تھا۔ ﴿مرقس 20:1﴾

جب خداوند یسوع مسیح نے متی 4:21-22 میں اُسے اور اُس کے بھائی کو اپنے پیچھے چلنے کے لئے بلایا تو وہ اپنے باپ اور جالوں کو چھوڑ کر اُس کے پیچھے ہو لئے اور اُس کے شاگرد بن گئے۔

یوحنا خداوند یسوع کا قریبی دوست تھا اور اُسے خداوند یسوع مسیح کی زندگی کے خاص لمحات میں اُس کے ساتھ ہونے کا شرف بھی حاصل ہوا۔ (مرقس 5 : 37، متی 37:26,1:17) خداوند یسوع کے مُردوں میں سے جی اُٹھنے کے بعد یوحنا رسول نے پطرس رسول کے ساتھ مل کر یروشلیم شہر میں کلیسیا کے راہنما کے طور پر خدمت گزاری کے کام میں وقت گزارا۔ ﴿اعمال 4:1-3،3:1﴾

تاریخی لحاظ سے اِس بات پر ایمان رکھا جاتا ہے کہ اُس نے افسس میں خدمت گزاری کا کام کیا۔ تاہم بائبل مقدس میں اِس کا ذکر نہیں پایا جاتا۔

پس منظر

یوحنا رسول کے پہلے خط سے اِس بات کا کوئی واضح اشارہ نہیں ملتا کہ یہ خط کن کو لکھا گیا۔ تاہم اِس خط سے یوحنا رسول کا قارئین کے ساتھ تعلق واضح طور پر نظر آتا ہے۔

یوحنا انہیں'' فرزندوں، بچوں، لڑکوں'' کے طور پر مخاطب کرتا ہے۔ (1:2, 18. 3:7. 4:4, 5:21) اور پھر عزیزو! (4:1, 7, 11 اور 2:7, 3:2, 2, 21) اور پھر بھائیو! (3:13) درج بالا حوالہ جات سے معلوم ہوتا ہے کہ یوحنا رسول نے جن لوگوں کو خط لکھا، اُن کے تعلق سے گہری فکرمندی اور محبت اُس کے دل میں موجود تھی۔

1۔ یوحنا 5:13 میں اِس خط کا مقصد واضح طور پر بیان کیا گیا ہے۔ مذکورہ حوالہ میں وہ اِس بات کو واضح کرتا ہے کہ اُس نے یہ خط اِس لئے لکھا تا کہ خط کے قارئین کرام اِس بات کا جانیں کہ وہ ہمیشہ کی زندگی رکھتے ہیں۔

بالفاظ دیگر، یوحنا کا مقصد قارئین کرام کو اُن کی نجات کی یقین دہانی کرانا ہے۔ وہ اُنہیں خداوند یسوع مسیح کے ساتھ رفاقت اور رشتہ میں حائل ہونے والی رکاوٹوں کی یقین دہانی کراتے ہوئے اپنا مقصد بیان کرتا ہے۔ اِس کے بعد، وہ حقیقی ایماندار کی زندگی میں واقع ہونے والی تبدیلیوں کا ذکر کرتا ہے۔

اِس تعلیم کی روشنی میں، اِن تبدیلیوں کا جائزہ لیتے ہوئے قارئین اپنی نجات کے ثبوت کو دیکھ سکتے ہیں۔

اِس کے علاوہ یوحنا رسول جھوٹی تعلیمات کے بارے میں بھی فکر مند تھا جو اُس علاقہ میں گردش کر رہی تھیں۔ اُس نے اپنے قارئین کرام کو اِس بات سے خبردار کیا کہ وہ ہر ایک روح کو پرکھیں۔ اور ہر اُس روح سے باخبر اور آگاہ رہیں جو کسی اور طرح کی خوشخبری پیش کرتی ہے۔

دورِ جدید میں خط کی اہمیت

یوحنا کا خط نو مریدوں (نئے ایمانداروں) اور اُن لوگوں کے لئے ایک زبردست خط ہے جو نجات کی یقین دہانی کے سلسلہ میں کشمکش کا شکار ہیں۔ یوحنا کا اندازِ بیان پُرشفقت ہے لیکن وہ بڑے پُر اثر انداز سے بڑی قدرت کے ساتھ سچائی کو بیان کرتا ہے۔

یوحنا رسول کے مطابق، ایک ایماندار کی زندگی ایک تبدیل شدہ زندگی ہوتی ہے۔

اِس خط میں یوحنا اِس بات کو ظاہر کرتا ہے کہ جو کچھ اُس کا ایمان ہے، وہ ساری تعلیم ایک حقیقی ایماندار (مسیح کا پیروکار) کی زندگی کے ضروری اوصاف ہوتے ہیں۔ اِس اہم خط میں یوحنا رسول جو کچھ بیان کر رہا ہے، اِس کی روشنی یں ہم اپنی زندگی کا جائزہ لیں گے۔

زندگی کا کلام

1۔ یوحنا 1:1-4 پڑھیں

یہ بات انتہائی موزوں اور مناسب ہے کہ یوحنا ہمیں زندگی کا کلام متعارف کرواتے ہوئے اپنے خط کا آغاز کرتا ہے۔ وہ اپنی دو اور تحریروں کا آغاز بھی اِسی طریقہ سے کرتا ہے۔ اپنی انجیل کا آغاز بھی وہ کلام کو پیش کرنے سے کرتا ہے جو کہ مجسم ہوا۔ (یوحنا 1:1-14) اور مکاشفہ کی کتاب کے ابتدائی باب میں بھی وہ اُس کو متعارف کرواتا ہے جو سات چراغدانوں میں کھڑا ہے۔ (مکاشفہ 1:9-20) یہ تمام حوالہ جات خداوند یسوع مسیح کے لئے ہیں۔ آئیں غور کریں کہ یوحنا رسول اپنے اِس خط میں زندگی کے کلام کے بارے میں کیا کہتا ہے۔ ''یہ کلام ابتدا سے تھا۔''

اپنی انجیل میں یوحنا رسول بتاتا ہے کہ دُنیا کلام یعنی یسوع کے وسیلہ سے پیدا ہوئی۔ (یوحنا 1:1-3) ''یہ کلام ہمیشہ سے ہے۔ یسوع بطورِ کلام ہمیشہ سے موجود ہے۔ وہ خدا ہے۔'' ہماری زندگی اور ہمارا وجود اُسی کا مرہون منت ہے۔ اُس میں زندگی کی قدرت پائی جاتی ہے۔ وہ خالق ہے۔ ہم اُس کی مخلوق ہیں۔ ابتدا میں جب کچھ بھی نہ تھا تو وہ موجود تھا۔ وہ ابدی خدا ہے جس کی نہ تو کوئی ابتدا اور نہ ہی کوئی انتہا ہے۔

☆۔ اُس کلام کو سنا، دیکھا، غور سے دیکھا اور چھوا گیا۔

اگرچہ وہ قدوس خدا ہے۔تو بھی خداوند یسوع مسیح اپنی گری ہوئی مخلوق کے درمیان رہنے کیلئے آیا۔خدا روح ہے اور کسی بھی طور پر ہماری طرح جسمانی بدن تک محدود نہیں ہے۔تاہم زندگی کا کلام ہماری طرح جسمانی طور پر محدود ہوگیا۔ یوحنا رسول اُن خوش نصیبوں میں سے تھا جس نے انہیں اِس زمین پر چلتے پھرتے دیکھا۔ یوحنا نے زندگی کے کلام کو اپنے ہاتھوں سے چھوا۔

پہلی آیت میں یہاں قابل ذکر بات یہ ہے کہ اُس نے زندگی کے کلام کو صرف دیکھا ہی نہیں بلکہ غور سے دیکھا۔ ''غور سے دیکھا'' کیلئے جو یونانی لفظ استعمال ہوا ہے وہ دیکھنے کے اظہار و مفہوم سے قطعی مختلف ہے۔ ''غور سے دیکھنا'' میں تصور کرنا، مستغرق ہونا، اندازہ لگانا، تصور کرنا وغیرہ کا مفہوم پایا جاتا ہے۔ یہ وہ لفظ ہے جو کسی شخص کے کسی شو / پروگرام کو دیکھنے کیلئے استعمال کیا جاتا ہے۔ یہ لفظ بڑے محتاط جائزہ اور معائنہ کا مفہوم دیتا ہے۔

یہاں پر یوحنا رسول ہمیں جو بتانا چاہتے ہیں وہ یہ ہے کہ اُسے خداوند یسوع مسیح کی شخصیت کے بارے میں کوئی شک وشبہ نہیں۔اُس نے اُس کا بغور جائزہ لیا ہے اور وہ جانتا ہے کہ وہ سچا ہے۔ اِس خط کی پہلی تین آیات میں یوحنا رسول کم وبیش سات مرتبہ خداوند یسوع مسیح کے تعلق سے اپنی یقین دہانی کا اظہار کرتا ہے۔

☆۔ہم نے سنا

☆۔ہم نے اپنی آنکھوں سے دیکھا۔ (آیت 1)

☆۔ہم نے غور سے دیکھا۔ (آیت 1)

☆۔ہم نے اُسے چھوا۔ (آیت 1)

☆۔زندگی ظاہر ہوئی (آیت 2)

☆۔ہم نے اُسے دیکھا۔ (زندگی کو)(آیت 2)

☆۔جو کچھ ہم نے دیکھا اور سنا ہے اُس کی تمہیں خبر دیتے ہیں۔(آیت 3)

یہاں پر اِس نکتہ کو نظر انداز کرنا مشکل ہے۔یوحنا رسول یہ چاہتا ہے کہ ہم اِس بات کو سمجھیں کہ جو کچھ وہ ہمارے سامنے پیش کر رہا ہے وہ ٹھوس حقیقت پر مبنی ہے۔

یہ کلام ابدی زندگی کا سر چشمہ ہے۔

یہاں پر یوحنا رسول جسے پیش کر رہا ہے وہ ابدی زندگی کا سر چشمہ ہے۔یوحنا رسول اپنی انجیل میں اِسے یوں بیان کرتا ہے۔

''اُس میں زندگی تھی اور وہ زندگی آدمیوں کا نور تھی۔(یوحنا 1:4)

یہ کلام ہمیں زندگی پیش کرنے کے لئے آیا۔یوحنا یہاں پر اِس جسمانی زندگی کی بات نہیں کر رہا جو کہ پہلے سے ہی ہمارے پاس ہے۔(اگرچہ یہ زندگی بھی اُسی کی مرہون منت ہے)وہ یہاں پر ابدی اور روحانی زندگی کی بات کر رہے ہیں۔یہ زندگی باپ کی طرف سے زندگی کے کلام کے تجسم کے وسیلہ سے ملتی ہے۔خداوند یسوع مسیح یہی ابدی زندگی کو پیش کرنے کے لئے آئے تھے۔

اَب ہمیں اِس بات کی سمجھ آتی ہے کہ یوحنا رسول کیوں خداوند یسوع مسیح کے بارے میں

لکھنے کے تعلق سے مجبور ہے۔ وہ اِس خط کے لکھنے کی دو وجوہات بیان کرتا ہے۔ خوشی اور رفاقت۔ ذیل میں ہم اِن دونوں محرکات کو دریافت کریں گے۔

''تا کہ تم بھی ہمارے شریک ہو۔''(آیت 3)

اِس خط میں ایک بشارتی رجحان بھی پایا جاتا ہے۔ جبکہ وہ ایمانداروں کو یہ خط لکھ رہا ہے، ''اَے میرے بچو!''(1:2) وہ اِس بات سے آگاہ اور باخبر ہے کہ وہ سب جو اپنے آپ کو ایماندار کہتے ہیں درحقیقت نجات یافتہ نہیں ہیں۔ وہ یہ چاہتا ہے کہ جنہوں نے ابھی تک ابدی زندگی حاصل نہیں کی، اُس تک رسائی پا کر اُسے حاصل کر لیں۔

اِس خط میں یوحنا کا مقصد حقیقی ایمانداروں کو مسیح کے دعوؤں کی ازسرنو یقین دہانی کرانے سے اُن کے ایمان میں تعمیر وترقی کرنا بھی ہے۔ اُس کی یہ دلی آرزو ہے کہ ایماندار مسیح یسوع کے تعلق سے سچائی کو بڑے واضح طور پر سمجھیں۔ جب اِس خط کے قارئین خداوند یسوع مسیح کی شخصیت کے تعلق سے ایمان میں مظبوط ہو کر قائم ہو جائیں گے تو پھر اُن کی یوحنا کے ساتھ رفاقت بھی اور زیادہ گہری اور مضبوط ہو جائے گی۔ اور وہ خدا کے کام میں اور بھی گہرے طور پر باہم مل کر آگے بڑھیں گے۔

یوحنا رسول کے اِن تینوں خطوط (1 یوحنا، 2 یوحنا اور 3 یوحنا) پر ایک طائرانہ نظر ڈالنے سے ہمیں معلوم ہو جائے گا کہ یوحنا رسول رفاقت کے مسئلہ پر بڑا فکرمند ہے۔ وہ اپنے دوسرے اور تیسرے خط میں اپنے قارئین کرام کو ایک دوسرے سے محبت کرنے اور کلیسیا میں یگانگت کو بحال کرنے کے لئے اُبھارتا ہے۔ پہلے خط میں رفاقت ایک اہم مرکزی

مضمون ہے۔ اِس خط کا تیسرے اور چوتھے باب کا مرکزی خیال ایک دوسرے اور خدا کے لئے محبت کے گرد گھومتا ہے۔ پہلے باب کی تیسری آیت کو دیکھیں۔ ہم دیکھتے ہیں کہ اِس یگانگت اور رفاقت کی بنیاد خداوند یسوع مسیح کے کام اور شخصیت میں پنہاں ہے۔ ''ہماری شراکت باپ کے ساتھ اور اُس کے بیٹے یسوع مسیح کے ساتھ ہے۔'' ہوسکتا ہے کہ ہم ہمیشہ ہی مسیح میں اپنے بھائیوں اور بہنوں کے ساتھ متفق نہ ہوں، لیکن اگر ہم نے مسیح یسوع کو اپنا خداوند اور نجات دہندہ قبول کرلیا ہے تو پھر ہم ایک ہی روحانی خاندان سے تعلق رکھتے ہیں۔ یہ بندھن ہمارے درمیان پائے جانے والے کسی بھی چھوٹے موٹے اختلاف رائے سے کہیں زیادہ مضبوط ہے۔

چونکہ ہمارا ایک ہی نجات دہندہ ہے اِس لئے ہم ایک دوسرے کے ساتھ رفاقت رکھ سکتے ہیں۔ اِسی ایک نجات دہندہ کے حضور اپنی زندگی تابع کرنے کے باعث ہم آپس میں گٹھے ہوئے ہیں۔ اُس نجات دہندہ کی خوشنودی حاصل کرنے اور اُس سے محبت کرنے کی ایک جیسی خواہش ہمارے دلوں میں پائی جاتی ہے۔

جو کچھ اُس نے ہمارے لئے کیا ہے، اُس کا فہم رکھنے کے سبب سے بھی ہم آپس میں متفق اور باہم گٹھے ہوئے ہیں۔ چونکہ ہماری منزل ایک ہی ہے اِس وجہ سے بھی ہم آپس میں ایک ہیں۔ خداوند یسوع مسیح کی شخصیت اور صلیبی کام میں ہماری یگانگت اور رفاقت کا راز پنہاں ہے۔ جس قدر ہم خداوند یسوع مسیح کو جانیں گے اور اُس سے محبت کریں گے اُسی قدر ہم ایک خدا کے لوگوں کے ساتھ روحانی تعلق میں مظبوط ہوتے جائیں

گے۔ یوحنا رسول کا اِس خط کو لکھنے کا اوّلین مقصد خداوند یسوع مسیح کے کام اور اُس کی شخصیت کے ساتھ گہری رفاقت اور شراکت کے لئے اپنے قارئین کی حوصلہ افزائی کرنا ہے۔ ''تا کہ تمہاری خوشی پوری ہو جائے۔'' ﴿آیت 4﴾

یوحنا خط لکھنے کے ایک اور وجہ بھی بیان کرتا ہے۔ یوحنا رسول خداوند یسوع مسیح کے تعلق سے لکھتا ہے تا کہ اُس کے قارئین خوشی سے معمور ہو جائیں۔

یہ خوشی کہاں سے آتی ہیں؟

یہ خوشی خداوند یسوع مسیح کے کام اور اُس کی شخصیت کو سمجھنے سے آتی ہے۔ مسیحی زندگی ایک پُرمسرت اور شادمان زندگی ہوتی ہے۔

مصنف کی خواہش ہے کہ اِس خط کے قارئین کرام بھی اِس خوشی اور شادمانی کا تجربہ کریں۔ اِس لئے وہ اُن کی توجہ مسیح یسوع کی طرف مبذول کرواتا ہے جو کہ اِس شادمانی کا سرچشمہ ہے۔ چوتھی آیت میں لفظ ''تمہاری'' (NKJV) پر تھوڑی بحث پائی جاتی ہے۔ یونانی زبان میں کچھ اہم حوالہ جات تمہاری کی جگہ ''ہماری'' لکھتے ہیں۔ NIV اسے یوں بیان کرتا ہے'' ہم اِس لئے لکھتے ہیں کہ ہماری خوشی پوری ہو جائے۔'' یوحنا نے ہمیں یہ بتایا ہے کہ اُس نے یہ خط اِس لئے لکھا ہے کہ تا کہ اُس کے قارئین اُس کے ساتھ اور خداوند یسوع مسیح کے ساتھ شریک ہو جائیں۔

لوگوں کو خداوند یسوع مسیح کے ساتھ نجات بخش رشتہ میں قائم ہوتے ہوئے دیکھنے سے بڑھ کر اور کیا خوشی ہو سکتی ہے؟ متعارف کروانے والے کی طرف سے بھی خوشی اور جس

کے ساتھ اُن کی رفاقت قائم ہو رہی ہے اُس کی طرف سے بھی خوشی ہے۔ یوحنا کے خط لکھنے کی وجہ یہ آرزو ہے کہ اُس کے قارئین اور وہ باہم مسیح کو جاننے کی خوشی میں شریک ہوں۔

یوحنا رسول نے جو کچھ دیکھا اور سنا ہے اُس کی گواہی دیتا ہے۔ خداوند یسوع مسیح کے ساتھ اُس کے شخصی تجربہ کے سبب اُس کی گواہی میں زور اور قوت پائی جاتی ہے۔ یعنی زندگی کے کلام کے ساتھ اُس وقت شخصی رفاقت اور شراکت جب وہ اِس زمین پر چلا پھرا کرتا تھا۔

یوحنا رسول بڑے جوش و خروش اور یقین دہانی کے ساتھ اپنے چشم دید گواہ ہونے کے تجربہ کو بیان کرتا ہے۔ وہ بہ دل و جان اپنے تمام قارئین کرام کو خداوند یسوع کو پیش کرتا ہے۔

اُس کے دل کی یہ بڑی تمنا ہے کہ خط کے پڑھنے والے زندگی کے اِس کلام کو جانیں۔ خداوند یسوع کے بارے بات چیت کرنے سے اُسے بڑی خوشی و خرمی حاصل ہوتی ہے۔

جب وہ خداوند یسوع مسیح کی شخصیت کے بارے میں اپنے قارئین کو متعارف کرواتا ہے اور اُس کے بارے معلومات دیتا ہے تو آپ اُس کے جوش و مسرت کو محسوس کر سکتے ہیں۔

کیا خداوند کی گواہی دیتے ہوئے آپ بھی ایسے ہی جذبے اور خوشی کا اظہار کرتے ہیں؟

چند ایک غور طلب باتیں

☆۔ یوحنا رسول کے پاس اِس بات کا کیا ثبوت ہے کہ یسوع وہی ہے جس کا وہ دعویٰ کر رہا ہے؟

☆۔ یوحنا رسول کے مطابق بطور ایماندار ہماری یگانگت کی کیا بنیاد ہے؟

☆۔ جبکہ ہم نے کبھی بھی خداوند یسوع مسیح کو نہیں دیکھا، اور نہ ہی اُسے کبھی اپنے ہاتھوں سے چھوا ہے تو کیا ہم اِس بات کا دعویٰ کر سکتے ہیں کہ ہم نے اُسے اپنی روحانی آنکھوں سے دیکھا ہے؟ اپنے جواب کی وضاحت کریں۔

☆۔ کیا آپ بھی یوحنا رسول کی طرح خداوند یسوع مسیح کو جاننے کے تعلق سے اپنے جذبے اور خوشی کا اظہار کرتے ہیں؟ دوسروں کے سامنے یسوع کو بیان کرنے میں کون سی چیز رکاوٹ بنتی ہے؟

دُعائیہ نکات

☆۔خداوند کا شکرادا کریں کہ وہ آسمان سے نیچے زمین پر آ گیا تا کہ ہم پر حقیقی طور پر اپنے آپ کو ظاہر کر سکے۔

☆۔خداوند سے منت کریں کہ وہ ہمارے دَور میں مسیح کے بدن میں بڑی گہری یگانگت کو پیدا کرے۔

☆۔کسی دوسری کلیسیا کے رکن، ہم ایمان شخص کے لئے دُعا کرنے کے لئے بھی تھوڑا وقت نکالیں۔

☆۔اِس بات کے لئے بھی خداوند کا شکرادا کریں کہ اگرچہ آپ بعض معاملات میں ایک دوسرے کے ساتھ یک رائے نہیں بھی ہوتے تو بھی آپ خداوند میں ایک ہی بندھن میں بندھے ہوئے ہیں۔

☆۔خداوند سے منت کریں کہ وہ آپ کو اُسے سمجھنے اور جاننے کے لئے بہت زیادہ جوش وخروش اور گہری بھوک پیاس عطا کرے۔

رفاقت میں پہلی رکاوٹ : گناہ

1۔ یوحنا5:2-6 پڑھیں

مسیحی ایمان کی سب سے بڑی سچائی یہ ہے کہ میں اور آپ اپنے خالق کی گہری قربت اور رفاقت میں داخل ہو سکتے ہیں۔ یوحنا رسول ہمیں اِس خط کی پہلی چار آیات میں یاد دلاتا ہے کہ اگرچہ خداوند یسوع مسیح ابتدا سے ہے تو بھی وہ اِس زمین پر ہمارے درمیان رہنے کے لئے آیا۔

یوحنا بتاتا ہے کہ کیسے اُسے جسم میں یسوع کو دیکھنے، سننے اور چھونے کا شرف حاصل ہوا۔ اپنے خالق سے دوستی کے بارے بتاتے ہوئے یوحنا رسول کو بڑی خوشی محسوس ہو رہی ہے۔ وہ اپنے خطوط اِس مقصد کے تحت لکھتا ہے کہ اُس کے قارئین خدا اور اُس کے بیٹے مسیح یسوع کے ساتھ رفاقت میں شریک ہو جائیں۔(1:3)

اگرچہ خدا کے ساتھ رفاقت ممکن ہے، تو بھی اِس رفاقت میں بہت سی رکاوٹیں حائل ہوسکتی ہیں جن کے بارے میں رسول ہمیں بتانا چاہتا ہے۔ جیسے جیسے ہم آگے بڑھتے ہیں ہم اِن رکاوٹوں کا جائزہ لیں گے۔ لیکن یہاں پر ہم خدا کے ساتھ رفاقت کی راہ میں حائل پہلی رکاوٹ پر غور کریں گے۔

مذکورہ حوالہ جو ہم نے ابھی پڑھا، اِس میں یوحنا ہمیں یاد دلاتا ہے کہ خدا نور ہے اور اُس

میں ذرا بھی تاریکی نہیں۔(5 آیت) یہاں پر یوحنا کا کیا معنی ہے؟ یہاں پر اُس کا مطلب یہ ہے کہ خدا نور یعنی روشنی اور پاکیزگی ہے۔ جبکہ اِس کے برعکس تاریکی گناہ اور بدی کو ظاہر کرتی ہے۔ یوحنا ہمیں بتا رہا ہے کہ خدا قطعی طور پر پاک اور قدوس ہے۔ اُس کے سب کام بھلے اور کامل ہیں۔ اُس کی ذات پر گناہ کا الزام نہیں لگایا جا سکتا۔ خدا کے لئے یہ ناممکن ہے کہ وہ کوئی غلط کام کرے۔ وہ پاکیزگی اور کاملیت کا پیکر ہے۔ جب یوحنا یہ کہتا ہے کہ خدا میں قطعاً کوئی تاریکی نہیں ہے تو دراصل وہ خدا کے اپنے لاتبدیل قانون کے خلاف چلنے کے چھوٹے چھوٹے سے اندیشے کو بھی خارج از امکان قرار دے رہا ہے۔

یوحنا ہمیں بتا رہا ہے کہ خدا کا کردار لاخطا ہے۔ ہر وہ کام جو اُس نے کبھی کیا یا کرے گا کامل اور پاک ہے۔ اُس میں ذرہ بھر بھی گناہ کی تاریکی نہیں پائی جاتی۔ خدا کی بلند و بالا پاکیزگی کے تعلق سے اِس بیان کے بعد، یوحنا اِس تعلیم کے عملی اطلاق کی طرف بڑھتا ہے۔

یاد رکھیں کہ یہاں پر رسول خدا کے ساتھ رفاقت کی راہ میں حائل رکاوٹ کے بارے میں بات کرر رہا ہے۔ چونکہ خدا نور ہے اور اُس میں مطلق تاریکی نہیں ہے، اِس لئے اگر ہمیں اُس کے ساتھ حقیقی اور گہرا رشتہ اور رفاقت قائم کرنی ہے تو پھر ہمیں بھی نور میں چلنا ہوگا۔ دوسرے لفظوں میں ہم یہ کہہ سکتے ہیں کہ اگر ہم خدا کی ساتھ رفاقت رکھنا چاہتے ہیں تو ہمیں بھی تابعداری اور پاکیزگی سے اُس کے حضور چلنا ہوگا۔

یوحنا تو یہاں تک بھی کہتا ہے کہ اگر ہم خدا کے ساتھ رفاقت کا دعویٰ کرتے ہیں لیکن سچائی پرعمل (عادتاً) پیرا نہیں ہوتے تو ہم جھوٹے ہیں۔ (آیت 6) خدا کی طرف سے ابدی زندگی حاصل کر لینے کے بعد یہ ممکن نہیں ہے کہ ایسی زندگی بسر کی جائے جو کہ بدی سے منسوب ہو۔ رفاقت کا راز صرف اور صرف پاکیزگی اور تابعداری میں پنہاں ہے۔ چونکہ خدا پاک ہے اور اُن لوگوں کے ساتھ رفاقت نہیں رکھ سکتا جو ناپاکی سے لطف اندوز ہوتے ہیں۔ خدا اِس لئے گناہ سے نفرت رکھتا ہے کیوں کہ یہ ہر اچھی چیز کو تباہ و برباد کر دیتا ہے۔ ﴿امثال 9:15، یوحنا 10:10﴾

7 آیت ہمیں بتاتی ہے کہ اگر ہم نور میں چلیں گے تو مسیح میں اپنے بھائیوں اور بہنوں سے بھی محبت رکھیں گے۔

خدا کے ساتھ رفاقت اور اپنے ہم ایمان بھائیوں اور بہنوں کے ساتھ رفاقت میں ایک براہ راست تعلق پایا جاتا ہے۔ جب ہم گناہ کرتے ہیں تو نہ صرف ہم خدا کے ساتھ رفاقت میں دراڑ پیدا کرتے ہیں بلکہ اُن لوگوں کے ساتھ بھی ہماری رفاقت میں رکاوٹ پیدا ہو جاتی ہے جو نور میں چلتے ہیں۔

ہماری رفاقت مسیح کی شخصیت کے گرد گھومتی ہے۔ جب مسیح کے ساتھ ہماری رفاقت ٹوٹ جاتی ہے تو ہم اُن کے ساتھ بھی اپنی رفاقت میں رکاوٹ حائل کر بیٹھتے ہیں جو مسیح کے گھرانہ کے لوگ ہیں۔

جو کچھ یوحنا کہہ بیان کر رہا ہے وہ پڑھنے کے بعد، ہم یہ نتیجہ اخذ کر سکتے ہیں کہ خدا اور اُس

کے لوگوں کے ساتھ رفاقت رکھنے کے لئے ہمیں کامل ہونے کے ضرورت ہے۔ لیکن یوحنا اِس بات کو واضح کرتا ہے کہ دراصل بات یہ نہیں ہے۔ یہ بات سچ ہے کہ ہم سب گنہگار ہیں۔ (آیت 10) ہم میں سے کوئی بھی بے گناہ ہونے کا دعویٰ نہیں کر سکتا۔ تو پھر سوال پیدا ہوتا ہے کہ اگر ہم میں احساسِ گناہ ہے یا ہم اپنے آپ کو مجرم یا گنہگار محسوس کرتے ہیں تو پھر کیسے مسیح میں بھائیوں اور بہنوں اور خدا کے ساتھ ہماری رفاقت ممکن ہو سکتی ہے؟

یوحنا رسول خداوند یسوع مسیح کی شخصیت اور صلیبی کام کے وسیلہ سے کہتا ہے: ''اگر ہم اپنے گناہوں کا اقرار کریں تو وہ ہمارے گناہوں کے معاف کرنے اور ہمیں ساری ناراستی سے پاک کرنے میں سچا اور عادل ہے۔'' ﴿آیت 9﴾

بطور گناہ گار ہم اپنے خداوند یسوع مسیح کے خون سے پاک ہو سکتے ہیں۔ لیکن یہاں پر یہ بات قابلِ ذکر ہے کہ ہمیں دھلنے اور پاک صاف ہونے کے لئے اپنے گناہوں کا اقرار کرنے کی ضرورت ہے۔ خدا اور اُس کے بچوں کے ساتھ مسلسل رفاقت صرف اِسی صورت میں ممکن ہے جب ہم مسیح کے خون سے دھل کر پاک صاف ہو چکے ہوں گے۔ صرف اور صرف مسیح کے خون کے وسیلہ سے ہی ہمارے اندر سے حساسِ گناہ دور ہو سکتا ہے۔ حقیقی ایماندار خدا کی پاک شریعت کے خلاف باغیانہ روّیہ پر مبنی اعمال کی بجائے توبہ کے روّیہ میں زندگی بسر کرتے ہیں۔

دوسرے باب میں یوحنا ہمیں بتاتے ہیں کہ اُس نے یہ خط اِس لئے لکھا تا کہ اُس کے

قارئین اپنے گناہ سے پھریں اور تابعدار اور پاک زندگی بسر کریں۔(آیت 1)
یہ علم کہ خدا پاک خدا ہے۔ اِس بات کا باعث ہونا چاہیئے کہ ہم پاک زندگی بسر کریں۔کون ہے جو اپنے ہوش و حواس میں اِس کائنات کے خالق و مالک اور قادرِ مطلق خدا کو ناراض کرنا چاہے گا؟ بلاشبہ جو ایسا کرے گا وہ احمق ہی ہوگا۔اگر ہم سے گناہ سرزد ہو بھی جائے تو ہمارا ایک مددگار ہے جو باپ سے ہمارے لئے شفاعت کرتا ہے۔ اور وہ شخص خداوند یسوع مسیح ہے۔

جب ہم سے گناہ سرزد ہو جاتا ہے تو ہم فوری طور پر اُس کے پاس آسکتے ہیں۔صرف وہی ہے جو ہمیں تمام گناہوں سے پاک کرسکتا ہے۔اور نور کے ساتھ ہماری رفاقت بحال کر سکتا ہے۔ اِس معافی کی سب لوگوں کو مفت پیش کش کی جاتی ہے۔(آیت 2) اَب کسی کے پاس گناہ گار رہنے کا کوئی بہانہ یا جواز نہیں ہے۔اَب سب ہی معافی پا سکتے ہیں بشرطیکہ وہ اُس کے پاس آجائیں۔

ہمیں کیسے معلوم ہوگا کہ ہماری نور کے ساتھ رفاقت ہے؟

رفاقت کا معنی ہے گناہ سے پھرنا اور تابعداری میں زندگی بسر کرنا۔اگر ہم خدا کے تابع نہیں اور اُس کے لئے زندگی بسر نہیں کر رہے تو پھر ہم یہ نہیں کہہ سکتے کہ ہماری خدا کے ساتھ رفاقت ہے۔ یہاں پر یوحنا بغیر کسی ہچکچاہٹ کے یہ بیان کرتا ہے کہ اگر ہم کہیں کہ ہماری نور کے ساتھ رفاقت ہے اور اُس کے کلام کی تابعداری میں زندگی بسر نہ کریں تو ہم جھوٹے ہیں۔﴿آیت 4﴾

لیکن اِس کے برعکس اگر ہم۔ تابعداری میں زندگی بسر کریں تو اِس کا مطلب ہے کہ خدا کی محبت ہم میں کامل ہوگئی ہے۔ (آیت 5) خدا کی محبت کے ہم میں کامل ہونے کا کیا مطلب ہے؟ خدا کی محبت کا اظہار مسیح میں ہوا جس نے ہمیں گناہوں کی معافی اور خدا باپ کے ساتھ رفاقت کی پیش کش کی۔ جب یہ محبت ہم پر اپنا اختیار قائم کر لیتی ہے اور اِس محبت کو پختگی اور بلوغت تک بڑھنے کا موقع مل جاتا ہے تو پھر اس کے نتیجہ میں خدا کے لئے تابعداری اور پاکیزہ زندگی کا آغاز ہو جاتا ہے۔

جب ہم خدا کے کلام کی تابعداری میں زندگی بسر کرتے ہیں تو ہمیں اِس بات کا علم ہوتا ہے کہ خدا کی محبت ہماری زندگیوں میں کام کر رہی ہے۔ یہی وہ محبت ہے جو ہمیں خدا کے بیٹے یسوع مسیح کی کامل صورت پر درجہ بدرجہ ڈھالتی اور روحانی بلوغت تک پہنچاتی ہے۔

اگر آپ مسیح کے لئے زندگی بسر کرنے کا دعویٰ کرتے ہیں تو پھر آپ خدا کے حضور پاکیزگی میں مسیح کی مانند چلیں۔ اگر آپ تاریکی میں چلتے ہیں تو پھر آپ نور کے ساتھ رفاقت قائم نہیں رکھ سکتے۔ جب آپ سے گناہ سرزد ہوتا ہے تو پھر آپ اُن گناہوں کا خداوند کے حضور اقرار کرنے سے ہی نور کے ساتھ رفاقت میں بحالی کا تجربہ حاصل کر سکتے ہیں۔

نور کے ساتھ رفاقت میں سب سے بڑی رکاوٹ گناہ کی رکاوٹ ہے۔ جب آپ یہ مطالعہ کر رہے ہیں تو آپ کے لئے موقع ہے کہ آپ خداوند یسوع مسیح یا اُس کے بیٹے

اور بیٹیوں کے ساتھ اپنی رفاقت کو بحال کرنے کی ضرورت کو محسوس کریں۔ کلام کے اِس حصہ میں ہمارے لئے یہ وعدہ ہے۔ اگر ہم اپنے گناہوں کا اقرار کریں تو وہ ہم کو معاف کرے گا۔

آپ اِسی لمحہ اُس کے ساتھ رفاقت کو بحال کر سکتے ہیں۔ آج کا کام کل پر مت چھوڑیں۔ ابھی اُس کے پاس آئیں۔ وہ آپ کو معاف کرنا چاہتا ہے۔ صرف آپ کو یہ کرنا ہے کہ اپنے گناہ کو پہچانیں اور اُس کا اقرار کریں۔ وہ آپ کو معاف کرنا اور اپنی رفاقت میں بحال کرنا چاہتا ہے۔ وہ آپ کے گناہوں کو دُور پھینک دے گا اور پھر کبھی اُنہیں یاد بھی نہیں کرے گا۔ ابھی اُس کے پاس آ جائیں۔

چند ایک غور طلب باتیں

☆۔ کیا کوئی ایسے گناہ ہیں جو آپ کو خدا کی رفاقت سے دور رکھیں ہوئے ہیں؟ واضح طور پر جائزہ لیں اور ہر اُس گناہ کو بیان کریں جو خدا اور آپ کی رفاقت میں رکاوٹ کا باعث ہے؟

☆۔ گناہ کس طرح خدا کے ساتھ آپ کی رفاقت پر اثر انداز ہوتا ہے؟ اگر آپ کا دل خدا کے حضور راست نہ ہو تو کیا آپ حقیقی طور پر اُس کے ساتھ ایک رشتہ استوار کر سکتے ہیں؟ وضاحت سے بیان کریں۔

☆۔ اگر مسیح میں بھائیوں اور بہنوں کے ساتھ آپ کی رفاقت درست نہ ہو تو کیا آپ خدا کے ساتھ درست رشتہ استوار کر سکتے ہیں؟

دُعائیہ نکات

☆۔ کیا خدا نے آپ کی زندگی میں کسی خاص گناہ کو ظاہر کیا ہے جس کا اقرار کرنے کی ضرورت ہے؟ اِس گناہ کا اقرار کرنے کیلئے کچھ وقت نکالیں۔

☆۔ اِس حقیقت کے لئے خداوند کا شکر ادا کریں کہ خداوند یسوع مسیح کے وسیلہ سے معافی اور بحالی ممکن ہے۔

☆۔ خداوند سے التماس کریں کہ وہ آپ کو ہر روز تابعدار زندگی بسر کرنے کا فضل اور توفیق دے۔ اِس بات کے لئے اُس کا شکر ادا کریں کہ وہ آپ سے رفاقت کا خواہشمند ہے۔

رفاقت میں دوسری رفاقت۔کشیدہ تعلقات

1۔یوحنا2:7-14 پڑھیں

یوحنا رسول نے ہمیں بتایا ہے کہ خدا کے ساتھ رفاقت میں پہلی رکاوٹ گناہ ہے۔اب وہ ہمیں دوسری رکاوٹ کے بارے میں بتاتے ہیں۔

دوسری رکاوٹ مسیحی بھائیوں اور بہنوں کے ساتھ کشیدہ حال تعلقات ہیں۔یوحنا رسول یہاں پر جو کچھ بیان کرنے جا رہا ہے۔وہ کوئی نئی بات نہیں ہے۔خدا کا ہمیشہ ہی سے یہ منصوبہ رہا ہے کہ ہم دوسروں سے پیار اور محبت کا روّیہ رکھیں۔زوال سے قبل آدم باغِ عدن میں اپنے خالق کے ساتھ ایک کامل رفاقت میں رہتا تھا۔

خدا نے از خود یہ کہا تھا کہ ''آدم کا اکیلا رہنا اچھا نہیں ہے۔'' ﴿پیدائش 18:2﴾

خدا نے اُس کا شریک حیات ہونے کے لئے عورت کو خلق کیا۔لوگوں کو ایک ملنسار مخلوق کے طور پر پیدا کیا گیا تھا۔اُنہیں رفاقت کے لئے اپنے جیسے انسانوں کی ضرورت تھی۔لوگوں کو اِس طور سے خلق نہیں کیا گیا تھا کہ وہ ایک دوسرے کی ضرورت ہی محسوس نہ کریں۔

یہی وجہ ہے کہ وہ دوسرے لوگوں کے ساتھ ہم آہنگی میں زندگی بسر کرنے میں خوشی محسوس کرتے ہیں۔جب قائن نے ہابل کو قتل کر ڈالا تو خدا ناراض ہوا۔(پیدائش 4) خدا نے

قائن پر لعنت کی اور اُسے اپنی حضوری سے نکال دیا۔ خدا نے اُسے بتایا کہ جب وہ زمین پر ہل چلائے گا تو وہ اُسے اُس کی محنت کا پھل نہ دے گی۔ اپنی باقی زندگی وہ آورہ اور خانہ خراب ہوگا۔ خدا نے اُسے اِس قدر سخت سزا کیوں دی؟ کیا یہ سب ہمیں دکھانے کے لئے نہیں تھا کہ خدا اُن لوگوں کے بارے کس قدر محسوس کرتا ہے جنہیں اُس نے اپنی صورت پر خلق کیا ہے؟

نوح کے دور میں خدا نے اُسے بتایا تھا کہ اگر کوئی کسی کا خون بہائے، تو پھر اُس کے بدلہ میں خون بہانے والے کا خون بہایا جائیگا۔ (پیدائش 6:9) عہد عتیق میں خونی کو سزائے موت دی جاتی تھی۔ بنائے عالم کے وقت ہی سے، خدا کی یہ مرضی اور منشا تھی کہ انسانی زندگی کا احترام کیا جائے۔ ﴿پیدائش 24:2﴾

عہدِ عتیق میں بہت سی ایسی مثالیں ہیں جن سے ظاہر ہوتا ہے کہ خدا ایک دوسرے کے ساتھ ہمارے تعلقات کے بارے کیا توقع کرتا ہے۔ (احبار 25:42-43) خدا نے اپنے بچوں کو حکم دیا کہ وہ کبھی بھی اپنے اسرائیلی بھائی کو غلام کے طور پر نہ بیچیں۔

''جو کوئی اپنے باپ یا ماں پر لعنت کرے وہ جان سے مارا جائے۔'' ﴿احبار 9:20﴾

خدا کے لوگوں کے لئے یہ بھی ضروری تھا کہ وہ اپنے کاروبار میں بھی ایک دوسرے کے ساتھ دیانت داری کے ساتھ پیش آئیں۔ (استثنا 25 : 15) استثنا 5 : 21 خدا میں اپنے لوگوں کو یاد دلاتا ہے کہ اپنے پڑوسی کی کسی چیز کا لالچ نہ کریں۔ خدا اپنے لوگوں سے یہ توقع کرتا ہے کہ وہ اپنے ہمسایہ کی جائیداد اور املاک کو نگاہِ قدر سے

دیکھیں۔ اگرچہ ایک دوسرے سے محبت اور ایک دوسرے کا احترام کرنے کا یہ حکم اِس قدر قدیم ہے جس قدر بنی نوع انسان کی تخلیق، تو بھی اِس کے تعلق سے کچھ تازہ اور نئی بات بھی ہے۔ (آیت 8)

یہاں پر یوحنا رسول ہمیں بتاتے ہیں کہ اُس کی سچائی اُس میں اور آپ میں دکھائی دیتی ہے۔ خداوند یسوع مسیح نے دوسروں سے محبت کرنے کے تصور کو نیا مفہوم دیا ہے۔ اُس کی زمینی زندگی کے وسیلہ سے، اُس نے ہمیں اِس قدیم حکم کو نئے انداز سے دیکھنے کی توفیق دی ہے۔ اُس نے ہمیں عملی طور پر یہ دکھایا ہے کہ اپنے پڑوسی سے اپنی مانند محبت کرنے سے کیا مراد ہے۔

بطور ابن خدا وہ ہمارے لئے اپنی جان قربان کرنے کے لئے تیار تھا۔ اُس کی موت اور مُردوں میں سے جی اُٹھنے کے وسیلہ سے ہمارے گناہ معاف ہوتے ہیں۔ خدا کی محبت اَب ہمارے معاف شدہ دلوں میں سکونت کرسکتی ہے۔ جب اُس کی محبت ہمارے دلوں میں ہوتی ہے، تو پھر ہم نئے طور سے اِس بات کا تجربہ کرتے ہیں کہ اپنے ہمسایہ کے ساتھ اِس طور سے محبت کرنے کا کیا معنی ہے جس کے بارے میں ہم پہلے جانتے بھی نہیں تھے۔ (آیت 8)

اَب مسیح کی روشنی بڑی آب وتاب کے ساتھ اُن میں چمک رہی ہے۔ جب یہ روشنی اُن کے دلوں میں چمکتی ہے تو وہ دوسروں کے لئے ایک نئی محبت کا تجربہ کریں گے۔ یوحنا رسول یہاں تک بھی کہتا ہے کہ اگر وہ روشنی میں ہونے کا دعویٰ بھی کریں، لیکن اپنے بھائی

سے عداوت رکھیں تو وہ ابھی تک گناہ کی تاریکی میں زندگی بسر کر رہے ہیں۔ (آیت 9) اِس صورت میں اُن کی نور کے ساتھ کوئی رفاقت نہیں۔

یوحنا رسول ہمیں بتاتا ہے کہ اگر ہم اپنے بھائی سے محبت رکھیں، تو پھر ہم نور میں چلتے ہیں اور ٹھوکر نہیں کھائیں گے۔ لیکن اِس کے برعکس، اگر ہم اپنے بھائی یا بہن سے محبت نہ رکھیں، تو ہم تاریکی میں رہتے ہیں۔ ہم اُن لوگوں کی طرح ہیں جو بے منزل بے ٹھکانہ محوِ سفر ہیں۔ کیوں کہ وہ گناہ کی تاریکی کے سبب سے اندھیرے میں ہیں۔ تاریکی میں چلنا کس قدر بھیانک صورتحال ہوتی ہے!

جب لوگ تاریکی میں چلتے ہیں، تو وہ بہت بڑا خطرہ مول لیتے ہیں۔ ایسے لوگ خود کو اور دوسروں کو نقصان پہنچانے کا خطرہ مول لیتے ہیں۔ وہ لوگ جو اپنے مسیحی بھائیوں اور بہنوں سے محبت نہیں کرتے اُن کی صورت حال بھی ایسی ہی ہوتی ہے۔ وہ نہ صرف خود کو بلکہ اپنے اردگرد کے لوگوں کو بھی نقصان پہنچاتے ہیں۔ جب ہم مسیح کی محبت کے ساتھ دوسروں سے محبت نہیں کرتے تو پھر ہماری روحانی زندگی پر کچھ سنجیدہ قسم کی باتوں کا اطلاق ہوتا ہے۔ آئیں اِن چند اطلاقات پر غور کریں۔

اول۔ وہ لوگ جو دوسروں سے محبت نہیں کرتے خود کو خدا سے الگ کر لیتے ہیں۔ خداوند یسوع مسیح فرماتے ہیں کہ اگر ہم اپنے بھائی سے محبت نہیں کرتے تو خدا ہماری پرستش اور عبادت کو قبول نہیں کرے گا۔

"پس اگر تو قربان گاہ پر اپنی نذر گزرانتا ہو اور تجھے یاد آئے کہ میرے بھائی کو تجھ سے کچھ

شکایت ہے تو وہیں قربان گاہ کے آگے اپنی نذر چھوڑ دے اور جا کر پہلے اپنے بھائی سے ملاپ کر۔ تب آ کر اپنی نذر گزران۔" ﴿متی 23:5﴾

دوئم۔ پھر خداوند یسوع مسیح ہمیں بتاتے ہیں کہ اگر ہم بخوشی اپنے قصورواروں کو معاف نہیں کریں گے تو خدا بھی ہمارے قصور معاف نہیں کرے گا۔"

"اِس لئے کہ اگر تم آدمیوں کے قصور معاف کرو گے تو تمہارا آسمانی باپ بھی تم کو معاف کرے گا اور اگر تم آدمیوں کے قصور معاف نہیں کرو گے تو تمہارا باپ بھی تمہارے قصور معاف نہیں کرے گا۔" ﴿متی 14:6﴾

اِس کا ہرگز یہ مطلب نہیں کہ وہ ہمیں بطور اپنے فرزند قبول نہیں کرے گا۔ یہاں پر جس نکتہ پر ہمیں اپنی توجہ مرکوز کرنے کی ضرورت ہے وہ یہ ہے کہ ہم کسی دوسرے شخص کے خلاف اپنے اندر تلخی رکھتے ہوئے خدا کے حضور راست باز نہیں ٹھہر سکتے۔ ہم اپنے بھائی یا بہن کے خلاف نا معافی کیلئے خدا کے حضور جواب دہ ہوں گے۔

سوئم۔ پطرس شوہروں کو یاد دلاتا ہے کہ اگر وہ اپنی بیویوں سے محبت نہیں کریں گے تو خدا اُن کی دُعاؤں کو نہیں سنے گا۔

"اَے شوہرو! تم بھی بیویوں کے ساتھ عقل مندی سے بسر کرو اور عورت کے کو نازک ظرف جان کر اُس کی عزت کرو اور یوں سمجھو کہ ہم دونوں زندگی کی نعمت کے وارث ہیں تا کہ تمہاری دُعائیں رک نہ جائیں۔" ﴿1 پطرس 7:3﴾

اور آخری بات، امثال کا مصنف ہمیں یاد دلاتا ہے کہ اگر ہم اپنے بھائی سے محبت نہیں

کریں گے۔تو خدا ہم سے اپنی برکات کو اُٹھالے گا۔

’جو مسکین کا نالہ سن کر اپنے کان بند کر لیتا ہے وہ آپ بھی نالہ کرے گا اور کوئی نہ سنے گا۔‘‘ ﴿امثال 13:21﴾

جب آپ اِن سب چیزوں کو اکٹھا کر دیتے ہیں تو پھر ہم دیکھ سکتے ہیں کہ اپنے بھائیوں اور بہنوں سے محبت نہ کرنا کس قدر خطرناک ہے۔اگر آپ دوسروں سے محبت نہیں کرے گا تو خدا ہماری عبادت قبول نہیں کرے گا۔وہ ہمارے گناہ معاف نہیں کرے گا۔وہ ہماری دُعاؤں کو نہیں سنے گا۔اور اُس کی برکات بھی ہماری زندگی پر سے اُٹھ جائیں گی۔یہ ایک سنجیدہ معاملہ ہے۔

اگر آپ نور کے فرزندوں سے علیحدہ ہونے کا چناؤ کرتے ہیں تو پھر آپ نور کے ساتھ بھی رفاقت نہیں رکھ سکتے

یوحنا رسول اپنے قارئین کرام کو اِس یقین دہانی کے ساتھ لکھتا ہے کہ وہ اُس کی سنیں گے۔وہ آیات 12-14 میں اُنہیں یاد دلاتا ہے کہ اُن کے گناہ معاف ہو چکے ہیں اور وہ خدا کو جان گئے ہیں۔وہ شریر پر غالب آ گئے ہیں۔اور خدا کا کلام اُن میں رہتا ہے۔یوحنا بڑے وثوق کے ساتھ انہیں یاد دلاتا ہے کہ جس طرح شروع میں وہ ایک دوسرے کے لئے محبت میں ثابت قدم تھے ویسا ہی وہ محبت میں ثابت قدم رہیں۔تاکہ تاریکی اُن پر غالب نہ آنے پائے۔

نور کے ساتھ رفاقت میں دوسری بڑی رکاوٹ مسیحی بھائیوں اور بہنوں کے ساتھ کشیدہ

تعلقات ہیں۔ ہمارے دلوں میں تلخی کی جڑ کا پھوٹ پڑنا کس قدر آسان ہیں۔ اگر ہم فوری طور پر اِس جڑ کو تلف نہ کریں تو اِس کے ہماری زندگی میں بڑے تباہ کن اثرات مرتب ہوں گے۔ میری دُعا ہے کہ خدا ہمیں ایک دوسرے کے ساتھ محبت کا رویّہ اپنانے کا فضل اور توفیق دے۔

چند ایک غور طلب باتیں

☆۔ کیا آپ کسی ایسی چیز کو جانتے ہیں جو مسیح میں کسی بھائی یا بہن کے درمیان حائل ہے؟ اُسے درست کرنے کیلئے کس چیز کو درست کرنے کی ضرورت ہے؟

☆۔ کیا آپ کو کوئی ایسا وقت یاد ہے جب آپ کے تعلقات کسی بھائی یا بہن کے ساتھ کشیدہ تھے؟ اِس کے آپ کی روحانی زندگی پر کیا اثرات مرتب ہوئے تھے۔

☆۔ اگر کلیسیائی اراکین ایک دوسرے کیلئے مسیح کی اُس محبت کا اظہار کریں تو اِس سے کیا فرق پڑے گا؟ آپ کی توقع کے مطابق اِس کے کیا نتائج نکلیں گے؟

دُعائیہ نکات

☆۔ کیا کوئی ایسا شخص ہے جس کے ساتھ آپ کو محبت کرنے میں مشکل پیش آتی ہے؟ خدا سے کہیں کہ آپ کو اُس شخص کے لئے بڑی محبت سے بھر دے۔

☆۔ خدا کا شکر کریں کہ اُس نے آپ سے اُس وقت محبت کی جب آپ کسی طور پر بھی اُس کی محبت کے لائق نہیں تھے۔

☆۔ خدا سے کہیں کہ کسی بھی قسم کے ایسے تکبر اور غرور کو توڑ دے جو کلیسیائی اراکین کو ایک دوسرے سے خدا کے ارادہ کے مطابق پیار کرنے سے روکتا ہے۔

☆۔ کچھ وقت کے لئے اُس شخص کے لئے خدا کا شکر ادا کریں جس سے آپ کو محبت کرنے میں مشکل پیش آتی رہی ہے۔

رفاقت میں تیسری رکاوٹ: دُنیا سے محبت کرنا

1 یوحنا 2:15-17 پڑھیں

خداوند یسوع مسیح کے ساتھ رفاقت میں حائل رکاوٹوں کا ہم جائزہ لے چکے ہیں۔ یوحنا رسول نے اِس بات کو واضح کر دیا ہے کہ گناہ اور کشیدہ تعلقات خداوند یسوع مسیح کے ساتھ چلنے میں دو بڑی رکاوٹیں ہیں۔ اور اب یہاں پر وہ تیسری بڑی رکاوٹ کے بارے میں بیان کرتے ہیں اور وہ ہے دُنیا سے محبت کرنا۔

یوحنا یہاں پر کسی قسم کی ہچکچاہٹ سے کام نہیں لیتا۔

''نہ دُنیا سے محبت رکھو نہ اُن چیزوں سے جو دُنیا میں ہیں۔ جو کوئی دُنیا سے محبت رکھتا ہے اُس میں باپ کی محبت نہیں ہے۔'' ﴿آیت 15﴾

اِس سے یوحنا کا کیا مطلب ہے؟ کیا یہ وہی یوحنا نہیں ہے جس نے ہمیں اپنی انجیل میں بتایا تھا کہ ''خدا نے دنیا سے ایسی محبت رکھی کہ اُس نے اپنا اکلوتا بیٹا بخش دیا تاکہ جو کوئی اُس پر ایمان لائے ہلاک نہ ہو بلکہ ہمیشہ کی زندگی پائے۔'' ﴿یوحنا 3:16﴾

اگر خدا کی محبت ہم میں موجود ہے تو خدا ہم میں موجود ہے۔ تو پھر کیا ہمیں بھی دُنیا سے ایسی محبت نہیں رکھنی چاہیئے جیسی کہ خدا نے دُنیا سے محبت رکھتا ہے؟

جو کچھ یوحنا بیان کر رہا ہے اُسے سمجھنے کے لئے ہمیں یوحنا 3:16 اور 1 یوحنا 2:15 کے

فرق کو سمجھنا چاہئے۔ اِن دونوں حوالہ جات میں دُنیا کے لئے جو یونانی لفظ استعمال ہوا ہے وہ kosmos ہے۔اس لفظ کے مختلف معنی ہیں۔اِس سے مراد آسمان اور زمین ہیں جو ہماری مادی کائنات کوشکل دیتے ہیں۔ جسے ہم اپنے اِردگرد دیکھتے ہیں۔بنی نوع انسان کے بارے بات چیت کرنے کے لئے بھی یہی لفظ استعمال ہوتا ہے۔اِس لفظ کے اور بھی روحانی اور تمثیلی معانی پائے جاتے ہیں۔یہ لفظ اُن چیزوں کو بیان کرتا ہے جو خدا کی مخالف ہیں۔اِس مفہوم میں ''دُنیاوی'' ہونے کا مطلب ''روحانی'' ہونے کا متضاد ہے۔

جب یوحنا 16:3 میں ہمیں یہ بتاتے ہیں کہ خدا نے دُنیا سے ایسی محبت رکھی تو وہ لفظ kosmos استعمال کرتے ہیں۔جس سے مراد بنی نوع انسان ہیں۔خداوند یسوع مسیح بنی نوع انسان کی محبت کی خاطر اُن کے لئے قربان ہونے کے لئے اِس دنیا میں آئے۔یوحنا رسول نے پہلے ہی 1 یوحنا 2:2 میں اِس بات کو بیان کردیا ہے۔''اور وہی ہمارے گناہوں کا کفارہ ہے اور نہ صرف ہمارے ہی گناہوں کا بلکہ تمام دُنیا کے گناہوں کا بھی۔''

جب یوحنا رسول ہمیں 1 یوحنا 15:2 میں یہ بتاتے ہیں کہ ہم دُنیا سے محبت نہ رکھیں تو وہ لوگوں کے متعلق بات نہیں کررہے ہیں۔بلکہ وہ اِس مفہوم میں بات کررہے ہیں کہ وہ چیزیں جو خدا اور اُس کی بادشاہت کی مخالف ہیں۔اِس سے اُن کی مراد تمام ادوار کا عام فلسفہ ہے۔جو خدا اور اُسکے کلام کا منکر ہے۔وہ اِس بے انتہا عیش وعشرت اور امارت کی

بات کر رہے ہیں جس میں اکثر لوگ پھنس کر رہ جاتے ہیں۔

کئی بار ہم دُنیاوی چیزوں کے غلام بن جاتے ہیں۔ یہ دُنیا خدا کی رفاقت کے بدلے ہمیں اپنی املاک، وقار، تعریف وستائش اور عیش ونشاط کی پیش کش کرتی ہے۔

باغِ عدن میں ابلیس نے حوّا کو ممنوعہ پھل کھانے اور نہایت عقل منداور دانا ہو جانے کی خوشی کے ساتھ آزمایا۔ متی 4 باب میں یہ بات بیان کی گئی ہے کہ چالیس دن کے روزہ کے بعد ابلیس نے خداوند یسوع مسیح کو بھی روٹی کھانے کی خوشی کے ساتھ آزمایا۔

اُس نے بھی اُسے اُس کو سجدہ کرنے کے بدلہ میں دُنیاوی جائیداد اور املاک دنیاوی اختیار و وقار کی پیش کش کے ساتھ آزمایا۔ پھر اُس نے خداوند یسوع مسیح کو ہیکل کے کنگرے پر سے چھلانگ لگانے کی صورت میں لوگوں کی طرف سے تعریفی وستائشی کلمات کی پیش کش کے ساتھ آزمایا۔ ابلیس ہمیں بھی آزماتا ہے۔ وہ ہماری توجہ خدا پر سے ہٹا کر دُنیا کی طرف لگانا چاہتا ہے۔ اگر ہم اپنے اردگرد ہونے والے حالات و واقعات کی طرف نظر دوڑائیں تو ہمیں معلوم ہوگا کہ وہ کس قدر کامیاب ہوا ہے۔

میں نے حال ہی میں ایک بڑا اشتہار دیکھا، جس پر لکھا تھا۔ ''خدا کی جستجو کی بجائے نیاوی چیزوں کو ترجیح دیتے ہیں۔''

دُنیاوی چیزوں کی نسبت سے پولس رسول تمیتھیس کو 1 تمیتھیس 10:6 میں بتاتے ہیں۔

''کیوں کہ زر کی دوستی ہر طرح کی برائی کی جڑ ہے۔ جس کی آرزو میں بعض نے ایمان

سے گمراہ ہوکر اپنے دلوں کو طرح طرح کے غموں سے چھلنی کرلیا ہے۔"

جی ہاں زّر کی دوستی ہی ہر ایک قابلِ تصور برائی کا منبع رہی ہے۔لوگ دُنیاوی مال و اسباب کی جستجو میں ہر طرح کی جنسی بے راہ روی، قتل وغارت، چوری چکاری جیسے بُرے افعال کے مرتکب ہوتے ہیں۔

بمطابق 1 تمیتھیس 10:6 بعض زّر کی دوستی میں مستغرق ہوکر ایمان سے گمراہ ہو گئے ہیں۔کیا ہم نے اِس مادیت پسند روّیہ کی کشش کو محسوس نہیں کیا۔ہم اپنی جائیداد و املاک اور اپنے کاروبار سے زندگی میں کامیابی اور کامرانی کا تعین کرتے ہیں۔جو کچھ ہمارے پاس مادی صورت میں ہوتا ہے اِس سے ہم اپنی اقدار کی پیمائش کرتے ہیں۔لیکن ہم اپنی تمام تر جائیداد و املاک کے ساتھ خدا کی قربت میں نہیں ہوتے۔

دراصل مادی مال و دولت کی محبت اور کشش ہمیں اُس سے دور کردیتی ہے۔افسوس کہ ہم خود کفیل ہوکر خدا کی ضرورت کو محسوس نہیں کرتے۔

خدا کی رفاقت کے بدلے اِس دُنیا کی آزمائش ہمیں لوگوں کی طرف سے تعریفی اور ستائشی کلمات کی بھی پیش کش کرتی ہے۔(یوحنا12:42-43)یوحنا رسول اِس مسئلہ پر بات کرتے ہیں۔" تو بھی سرداروں میں سے بھی بہتیرے اُس پر ایمان لائے مگر فریسیوں کے سبب سے اقرار نہ کرتے تھے تا ایسا نہ ہو کہ عبادت خانہ سے خارج کئے جائیں۔کیوں کہ وہ خدا سے عزت حاصل کرنے کی نسبت انسان سے عزت حاصل کرنا زیادہ چاہتے تھے۔" خداوند یسوع مسیح کے دَور میں بھی دُنیاوی عزت و تعریف نے

لوگوں کو خداوند یسوع مسیح کا سرِ عام اقرار کرنے سے روکے رکھا۔ وہ اُس کا اقرار نہیں کرتے تھے کیوں کہ وہ چاہتے تھے کہ دوسرے اُن کو معزز جانیں۔

خوشامد پسندی ہمیں خداوند یسوع مسیح کے ساتھ چلنے میں ایک بہت بڑی رکاوٹ ثابت ہوتی۔ خداوند یسوع مسیح نے ہماری خاطر اپنے دَور میں ہر طرح کی حقارت اور بدسلوکی برداشت کی۔ وہ ہم سے شرمایا نہیں۔

کیا ہم خوف کے مارے اِس خیال سے اُس کو رد کر دیں گے کہ دوسرے ہمارے بارے میں کیا سوچیں گے؟ دُنیاوی ستائش کی خاطر خدا کا کام کس حد تک رکا ہوا ہے؟

مردِ خدا داؤد جو خدا کے دل کے موافق تھا، اُس نے عارضی خوشی کی خاطر خدا کے کلام کی طرف پشت پھیر دی۔ اُس نے بت سبع سے زناکاری کی جو کہ حتی اُوریاہ کی بیوی تھی۔ جو کہ اُس کا ایک سپاہی تھا۔ پھر اُس نے اُس گناہ کا چھپانے کے لئے قتل کرنے کا منصوبہ ترتیب دیا۔ (2 سموئیل 11:1-25)

3 یوحنا میں دُیترفیس نے خدا کے کلام کی طرف پشت پھیر دی۔ کیوں کہ وہ یہ چاہتا تھا کہ دوسرے اُسے کوئی اہم شخصیت سمجھیں اور اُسے اُن کی نظر میں عزت کا خاص مقام حاصل ہو۔ وہ کلیسیا میں صفِ اول کا رہنما بننا چاہتا تھا۔

3 یوحنا 9-10 میں رسول لکھتا ہے ''میں نے کلیسیا کو کچھ لکھا تھا مگر دیترفیس جو اُن میں بڑا بننا چاہتا ہے ہمیں قبول نہیں کرتا۔ پس جب میں آؤں گا تو اُس کے کاموں کو جو وہ کر رہا ہے یاد دلاؤں گا کہ ہمارے حق میں بُری باتیں بکتا ہے اور اُن پر قناعت نہ کر کے خود بھی

بھائیوں کو قبول نہیں کرتا اور جو قبول کرنا چاہتے ہیں اُن کو بھی منع کرتا ہے اور کلیسیا سے نکال دیتا ہے۔"

بڑا بننے کی خواہش کے ہاتھوں مجبور ہو کر دُیترفیس تہمت بازی اور عیب جوئی جیسے گناہ کا مرتکب ہوا۔ وہ اپنے ظاہری پن کو اچھا بنانے کے پیشِ نظر دوسروں کے کردار کو تاریک بنانے کے لئے تیار تھا۔ ایسا کرتے ہوئے اُس نے اپنے اور خدا کے درمیان تعلقات خراب کر لیے۔

1 یوحنا 2:16 میں رسول ہمیں لوگوں کے دُنیا کی محبت کے پھندے میں پھنسنے کے بارے میں بتاتا ہے۔ وہ ہمیں بتاتا ہے کہ وہ "جسم کی خواہش سے" بھرے ہوئے ہیں۔ وہ جسم کی خواہشوں کی تسکین کے لئے تدبیریں کرتے ہیں۔ یہ سب جنسی گناہ، شراب نوشی، نشہ آور اشیاء اور دیگر چیزوں کی صورت میں ہو سکتا ہے۔ وہ دُنیاوی خوشی کے طلب گار ہوتے ہیں۔

دوئم وہ جو دُنیا سے محبت رکھنے والے "آنکھوں کی خواہش سے بھرے ہوئے ہوتے ہیں۔" وہ اپنے ہمسایہ کے پاس نئی گاڑی اور اچھا گھر دیکھ برداشت نہیں کر سکتے۔ (آیت 16) یہ مادیت پسندی کا گناہ دکھائی دیتا ہے۔ وہ جو کچھ دیکھتے ہیں حاصل کرنا چاہتے ہیں۔ وہ یہ چاہتے ہیں کہ اُن کے پاس اچھی سے اچھی چیز موجود ہو۔

سوئم: دُنیا سے محبت رکھنے والے "زندگی کی شیخی" سے بھرے ہوتے ہیں۔ (آیت 16) بمطابق کنگ جیمز ورژن۔ لیکن اگر اِسی حوالہ کو نیو انٹرنیشنل ورژن میں دیکھیں تو "زندگی

کی شیخی'' کو اِس طرح سے بیان کیا گیا ہے جیسے کہ کوئی شخص اپنے پاس کسی چیز پر یا کسی کارنامے کے بارے فخر کرتا ہو۔ ایسے لوگ جو دُنیا سے محبت رکھتے ہیں وہ اپنے بلند رتبے کے بارے میں بڑے فکرمند رہتے ہیں۔ اُنہیں اپنے کارہائے نمایاں اور اپنی جائیداد اور املاک کے بارے میں شیخی بگھارنے کی ضرورت ہوتی ہے۔ وہ خدا میں نہیں بلکہ اِن ہی باتوں میں اہمیت حاصل کرتے اور کچھ سمجھے جانا پسند کرتے ہیں۔

یوحنا رسول بیان کرتے ہیں کہ یہ سب چیزیں خدا کی طرف سے نہیں ہیں۔ دُنیا جو کچھ بھی پیش کرتی ہے وہ سب عارضی ہے۔ نہ صرف یہ چیزیں عارضی ہیں بلکہ اِن سب چیزوں کی محبت ہمیں خدا سے دُور لے جاتی ہے۔

یہاں ہمیں یاد دلایا گیا ہے کہ خداوند یسوع مسیح کے ساتھ رفاقت میں تیسری بڑی رکاوٹ دُنیا سے محبت ہے۔

کیا آپ اِس پھندے میں پھنس چکے ہیں؟ آپ کی جان کبھی بھی دُنیا میں تسکین حاصل نہ کر سکے گی۔ دراصل دُنیاوی چیزوں کی محبت آپ کو مسیح کی محبت سے دور لے جائے گی۔ صرف اور صرف خدا ہی کامل شادمانی اور خوشی کا منبع ہے۔

چند ایک غور طلب باتیں

☆۔کیا آپ اِس دُنیا کی چیزوں سے محبت کی آزمائش کا شکار ہوتے ہیں؟ کون سی چیز بالخصوص آپ کے لئے آزمائش کا باعث ہوتی ہے؟

☆۔وہ کون سی چیز ہے جو ایمانداروں کے لئے بھی اِس دُنیا کو پرکشش بنا دیتی ہے؟

☆۔خدا کی مہیا کردہ چیزوں سے لطف اندوز ہونے اور دُنیا کی محبت کے پھندے میں پھنسنے میں کیا فرق ہے؟

دُعائیہ نکات

☆۔خدا سے دُعا کریں کہ وہ آپ کو دُنیا کی محبت سے آزاد رکھے۔

☆۔کیا آپ کچھ ایسے لوگوں کو جانتے ہیں جنہوں نے اِس دنیا کی چیزوں کی طلب میں خدا کے ساتھ اپنے تعلقات کو خراب کر لیا ہے؟ اُن لوگوں کی رہائی کیلئے خدا کے حضور شفاعت کریں۔

☆۔خدا کی خوبصورت برکات کے لئے اُس کی شکرگزاری کریں۔ خدا سے دُعا کریں کہ وہ آپ پر اپنی مہیا کردہ چیزوں سے لطف اندوز ہونے اور اُن چیزوں کو خدا پر ترجیح دینے کے فرق کو واضح کرے۔

رفاقت میں چوتھی رکاوٹ: بیٹے کا انکار

1 یوحنا 2:18-27 پڑھیں

گزشتہ صفحات میں یوحنا ہمیں نور کے ساتھ رفاقت میں حائل رکاوٹوں کے بارے بتاتے رہے تھے۔ گناہ، شکستہ حال تعلقات اور دُنیا کی محبت ہمیں اپنے نجات دہندہ کے ساتھ رفاقت سے لطف اندوز نہ ہونے دے گی۔ گزشتہ کئی زمانوں میں اِن رکاوٹوں نے بے شمار لوگوں کو خداوند سے دور کر دیا ہے۔ آیات 18-27 میں یوحنا ہمیں چوتھی رکاوٹ کے بارے میں بتاتے ہیں۔ اور وہ ہے مسیح کا انکار۔

سب سے پہلے رسول ہمیں یاد دلاتا ہے کہ ہم اخیر زمانہ میں زندگی گزار رہے ہیں۔ اِس اخیر زمانہ کا ایک نشان مخالفِ مسیح کی آمد ہے۔ مکاشفہ کی کتاب میں خدا کا بندہ یوحنا مخالف مسیح کے بارے بڑی وضاحت اور تفصیل بیان کرتا ہے۔

یوحنا 13 میں یوحنا ایک حیوان کا ذکر کرتا ہے جو کہ سمندر سے نکلتا ہے۔ وہ حیوان شیطان سے اپنا اختیار حاصل کرتا ہے۔ جسے بڑا اژدھا یعنی مخالف مسیح کے طور پر بیان کیا گیا ہے۔ وہ حیوان شیطان کے اختیار سے ایک دَور میں دُنیا پر اپنی سلطنت قائم کر لیتا ہے۔ وہ خداوند کے نام پر کفر بکتا ہے۔ وہ مقدسین کے ساتھ جنگ کرتا ہے۔ اُسے ہر قبیلے، نسل، زبان اور قوم پر اختیار دیا جاتا ہے۔

یوحنا بیان کرتا ہے کہ وہ زمین کے تمام باشندوں کو اُسے سجدہ کرتے ہوئے دیکھتا ہے۔ صرف وہی جن کے نام کتابِ حیات میں لکھے ہوئے ہیں اُس مخالف مسیح کو سجدہ کرنے سے انکار کرتے ہیں۔ اِس حیوان کی ایک اور حیوان مدد کرتا ہے جو کہ بہت سے معجزانہ نشانات دکھاتا ہے۔صرف وہی جن کے ماتھے یا دائیں ہاتھ پر ایک خاص نشان ہے خرید وفروخت کر سکتے ہیں۔

یہ نشان اُس حیوان کی اطاعت وتابعداری کی علامت ہے۔دُنیا کی تاریخ میں اِس وقت کو وہ دوَر کہا گیا ہے جو کہ ایمانداروں کے صبر، وفاداری اور تحمل کرنے کا وقت ہے۔ مخالفِ مسیح کے تشخص کے بارے میں بہت سی قیاس آرائیاں پائی جاتی ہیں۔وہ ایسی بااختیار شخصیات کی نمائندگی کرتا ہے۔جو کہ خداوند یسوع کی خداوندیت کا انکار کرتے اور خود کو خدا سے بڑا بناتے ہیں۔

یوحنا رسول ہمیں بتاتا ہے کہ اگرچہ ہم اُس مخالفِ مسیح کا انکار کررہے ہیں جس کا ذکر مکاشفہ کی کتاب میں آیا ہے،لیکن بہت سے مخالفِ مسیح پہلے ہی اِس دنیا میں آچکے ہیں۔وہ بیان کرتا ہے کہ یہ اخیر زمانہ کا ایک قطعی اور یقینی نشان ہے۔جب یوحنا رسول یہ کہتا ہے کہ بہت سے مخالفِ مسیح آچکے ہیں تو اِس سے اُس کا کیا مطلب ہے؟کون مخالفِ مسیح ہیں؟اِس مذکورہ حوالہ میں اُن کے تعلق سے اُس نے جو تین چیزیں بیان کی ہیں،آئیں اُن کو تفصیل سے دیکھیں۔

سب سے پہلی بات وہ یہ بیان کرتا ہے کہ''وہ نکلے تو ہم ہی میں سے تھے مگر ہم میں سے

تھے نہیں۔" (آیت 19) یہ حقیقت کہ وہ اُن ہی میں سے نکلے تھے اِس سے ہمیں یہ راہنمائی ملتی ہے کہ وہ ایسے مرد وزن تھے جنہوں نے کسی قسم کا مذہبی اعتراف کیا تھا۔ یعنی کبھی کسی دَور میں کلیسیا کی رفاقت میں تھے۔ پھر کسی سبب سے، جس کا ذکر اِس آیت میں نہیں ہے، یہ لوگ اِس رفاقت سے نکل گئے۔ یوحنا بیان کرتا ہے کہ یہ حقیقت کہ وہ چلے گئے یہ ظاہر کرتی ہے کہ وہ اصلی اور حقیقی ایماندار نہیں تھے۔ اگر وہ حقیقی ایماندار ہوتے تو وہ سچائی پر قائم بھی رہتے۔ اُنہیں سچائی کا علم تو ضرور تھا مگر اُنہوں نے سچائی کی طرف اپنی پشت پھیر دی۔

اِس تعلق سے سوچنا بھی بھیانک ہے۔ شاید آپ کی ملاقات ایسے لوگوں سے ہوئی ہو۔ کسی نہ کسی وجہ سے وہ کلیسیا کی رفاقت سے نکل گئے اور پھر یہوداہ سکریوتی کی مانند بن کر کلیسیا کے بد ترین دشمن بن گئے۔ اُن کے دل سچائی کے تعلق سے سخت ہو گئے۔ شاید اُنہوں نے ایمانداروں کی زندگی میں کچھ بے اصولیاں اور تناقص دیکھیں ہوں۔ ہمیں یہاں پر یہ نہیں بتایا گیا کہ وہ کیوں چلے گئے۔

لیکن یہ بات صاف ظاہر ہے کہ اُنہوں نے خدا اور اُس کے خلاف باغیانہ روّیہ میں زندگی بسر کرنا شروع کر دی۔ وہ مسیح کے نام پر کفر بکنے کیلئے شیطان کے ہاتھ میں ایک آلہ کار بن گئے۔ ابھی تھوڑی دیر میں ہم آیات 20-21 کی طرف اپنی توجہ مرکوز کریں گے۔ 22 ویں آیت ہمیں اِن مخالف مسیح لوگوں کے بارے میں ایک دوسری چیز بھی بتاتی ہے۔ وہ باپ اور بیٹے کا انکار کرتے ہیں۔ شاید ہماری کلیسیاؤں اور سیمنریز میں ایسے

لوگ موجود ہوں۔ یہ اُن کے کردار کا خاصہ ہے کہ وہ یسوع کے مسیح ہونے کا انکار کرتے ہیں۔ ''مسیح'' کا معنی ہے ''ممسوح'' جب ہم یہ اصطلاح استعمال کرتے ہیں، تو اصل میں ہم یہ کہتے ہیں کہ یسوع خدا کا بیٹا ہے۔ ممسوح جو ہم سب کے گناہوں کے کفارہ کیلئے آیا۔ یوحنا رسول ہمیں بتاتا ہے کہ ہر وہ شخص جو خداوند یسوع کے مسیح ہونے کا انکار کرتا ہے جھوٹا بھی ہے اور مخالفِ مسیح بھی۔ مسیح کے بغیر نجات کے خیال کو فروغ دے کر ہم اِس بات کا انکار کر سکتے ہیں کہ یسوع ہی مسیح ہے۔

کوئی بھی حقیقی ایماندار کبھی یہ نہیں کہے گا کہ یسوع ''مسیح'' نہیں ہے۔ اِس بات کا انکار کہ یسوع ہی وہ ممسوح ہے جو کہ ہمیں گناہوں سے نجات دینے کے لئے آیا، اصل میں اُس نجات کا انکار ہے جو وہ ہمیں دینے کیلئے آیا تھا۔ جب تک ہم خداوند یسوع مسیح کو بطور مسیح قبول نہ کر لیں اِس وقت تک خدا کے ساتھ ہماری رفاقت قائم نہیں ہو سکتی۔ ہماری نجات کی ٹھوس بنیاد یہی ہے کہ یسوع مسیح اِس دُنیا میں گناہ گاروں کو نجات دینے کے لئے آیا۔ مخالفِ مسیح جن کا یوحنا یہاں پر ذکر کرتا ہے وہ ہیں جو اُس سے قطعی مختلف خوشخبری کی منادی کرتے ہیں۔

سوئم۔ یہ مخالف مسیح ہمیں خداوند یسوع مسیح اور اُسکے کام سے گمراہ کرنے کے خواہشمند ہیں۔ (آیت 26) ہمارے دوَر میں بہت سے ایسے فرقے اور مخفی علوم ہیں جو کہ لوگوں کو گمراہ کر رہے ہیں۔ وہ گھر گھر جا کر لوگوں کی راہنمائی اُس عقیدہ کی طرف کرتے ہیں جو کہ اِس بات کا انکار کرتا ہے کہ یسوع ہی مسیح، زندہ خدا کا بیٹا ہے۔ یہی مخالفِ مسیح

ہیں۔ اِن میں سے بہت سے ایسے ہیں جو پُرفریب اصطلاحات کے ساتھ آتے ہیں۔ یہ لوگوں کو مسیح سے گمراہ کرنے میں کامیاب ہو جاتے ہیں۔ وہ خداوند یسوع مسیح کو نہیں جانتے۔ اُسے جاننا یہ جاننا ہے کہ وہ خدا ہے۔ اُسے جاننا اُس کے سامنے گھٹنے ٹیکنا اور اُس کی خداوندیت کے تابع ہونا ہے۔ ایسے لوگ شیطان کے ہاتھوں ایک آلہ کار بن جاتے ہیں تاکہ لوگوں کو مسیح سے گمراہ کر دیں۔ نہ صرف یوحنا رسول کے دَور میں ایسے لوگ کلیسیا میں موجود تھے بلکہ آج بھی ایسے لوگ کلیسیاؤں موجود ہیں۔

اپنے قارئین کرام کو مسیح کا انکار کرنے والے لوگوں کے بارے آگاہ کرنے کے بعد، یوحنا حقیقی ایماندار کے متعلق بھی کچھ بیان کرتا ہے۔ حقیقی ایمانداروں کو اُس قدوس کی طرف سے مسح کیا گیا ہے اور وہ سچائی سے واقف ہیں۔ (آیت 20) یوحنا اپنی انجیل میں بھی اِسی بات کو بیان کرتا ہے۔

"پس یسوع نے اُن یہودیوں سے کہا جنہوں نے اُس کا یقین نہیں کیا تھا کہ اگر تم میرے کلام پر قائم رہو گے تو حقیقت میں میرے شاگرد ٹھہرو گے۔ اور سچائی سے واقف ہو گے تو سچائی تم کو آزاد کرے گی۔" ﴿یوحنا 8:31-32﴾

یسوع یہاں پر جو کچھ بیان کر رہے ہیں اُس میں کوئی شک وشبہ نہیں پایا جاتا۔ حقیقی شاگرد سچائی سے واقف ہوتا ہے۔ یوحنا 16:13 میں خداوند یسوع اپنے شاگردوں کو بتاتے ہیں کہ جب روح القدس آئے گا تو اُنہیں تمام سچائی کی راہ دکھائے گا۔ اگر خدا کا روح ہم میں بسا ہوا ہے تو پھر ہمیں خداوند یسوع مسیح کی تشخص کے بارے میں گہری قائلیت

ہوگی۔

مقدس پولس رسول 1 کرنتھیوں 3:12 میں ہمیں بتاتے ہیں کہ صرف ہم روح القدس کی بدولت ہی اِس بات کا دعویٰ کر سکتے ہیں کہ یسوع ہی خداوند ہے۔

''پس میں تمہیں جتاتا ہوں کہ جو کوئی خدا کے روح کی ہدایت سے بولتا ہے وہ نہیں کہتا کہ یسوع ملعون ہے اور نہ کوئی روح القدس کے بغیر کہہ سکتا ہے کہ یسوع خداوند ہے۔''

یوحنا رسول پر اعتماد ہو کر لکھتے ہیں تا کہ اُس کے قارئین یسوع مسیح کے تعلق سے اِس سچائی کو جان لیں کہ خدا کا روح اُن میں بسا ہوا ہے۔

27 آیت پر غور کریں کہ روح القدس ''یعنی مسح جو اُس کی طرف سے کیا گیا ہے'' یسوع کی گواہی دیتا ہے۔ یہاں پر یہ بیان کیا گیا ہے کہ ہمیں کسی کی ضرورت نہیں کہ کوئی ہمیں سکھائے کہ یسوع مسیح خداوند ہے۔ تاہم خداوند نے کلیسیا کو اُستاد اور منادی دیئے ہیں جو خدا کے کلام کی تعلیم دیتے ہیں۔ ﴿افسیوں 4:11-12﴾

اور سچائی کے متعلق تعلیم دینے میں اُن کا بڑا اہم کردار ہے۔ یہاں پر یوحنا رسول یہ بیان رہے ہیں کہ کچھ ایسی تعلیمات ہیں جن کو ایماندار الہامی طور پر جان لیتے ہیں۔ کچھ ایسی باتیں ہوتی ہیں جنہیں خدا کا روح ایمانداروں پر واضح طور پر منکشف کرتا ہے۔ اُن میں سے اہم تعلیم یہ ہے کہ خداوند یسوع ہی مسیح ہے۔ اور یہی زندہ خدا کا بیٹا ہے۔

ساؤل دمشق کی راہ پر اُن ایمانداروں کو گرفتار کرنے جا رہا تھا جو یسوع کے خداوند ہونے کا اقرار کرتے تھے۔ (اعمال 9:1-2) وہ اُنہیں واپس یروشلیم لانا چاہتا تھا جہاں

اُنہیں جسمانی طور پر اذیت دی جانی یا موت کے گھاٹ اتار دیا جانا تھا۔ راستہ میں اُس کی ملاقات یسوع کے ساتھ ہوتی ہے۔ جس لمحہ وہ خداوند یسوع مسیح کے ساتھ ملا، اُسی وقت ایک لمحہ میں اُس کی زندگی تبدیلی ہوگئی۔ وہ جان گیا کہ یسوع ہی مسیح ہے۔ اُس نے کبھی دوبارہ اِس بات پر شک کا اظہار نہیں کیا کہ خدکاوند یسوع مسیح ہی ابنِ خدا ہے جو اُسے گناہوں سے نجات دینے کے لئے آیا۔ کسی انسان نے اُسے اپنے پاس بٹھا کر مسیح کی الوہیت کی تعلیم نہیں دی۔ ازخود روح القدس نے اُسے اِس اہم سچائی کے لئے قائل کیا۔ یہی بات یوحنا رسول ہمیں بیان کر رہے ہیں۔

بطور ایک حقیقی ایماندار آپ کو قطعاً اِس بات کی ضرورت نہیں کہ آپ کو کوئی سکھائے یا تعلیم دے کہ یسوع ہی خداوند ہے۔

آپ پہلے ہی اِس بات سے واقف ہیں کیوں کہ روح القدس نے یہ سچائی آپ پر منکشف کر دی ہے۔ 24 آیت میں یوحنا رسول ہمیں اِس بات کے لئے چیلنج دے رہے ہیں کہ ہم نے جو کچھ خدا کے روح سے سنا ہے اِس تعلیم پر قائم اور مضبوط رہیں۔ کسی بھی شخص کو قطعی طور پر اِس بات کی اجازت اور موقع نہ دیں کہ وہ آپ کو خداوند یسوع مسیح کے بارے الہامی تعلیم پر قائم رہنے سے منع کرے۔

یوحنا رسول خط کے قارئین کی اِس بات کے لئے حوصلہ افزائی کرتا ہے کہ وہ اِس تعلیم پر قائم اور مضبوط رہیں۔ کیوں کہ کسی اور میں کوئی اُمید نہیں پائی جاتی۔ یسوع ہی مسیح ہے۔ اِس کے علاوہ کسی اور کے پاس کوئی نجات نہیں ہے۔ یوحنا رسول ہمیں بتا رہے ہیں کہ

ہمیں خداوند یسوع مسیح کے فہم کے تعلق سے اپنی عقل اور ذہن کی خوب حفاظت کرنی ہے۔وہ ہمیں بتا رہے ہیں کہ ہمیں اُس شخص کے ساتھ کوئی تعلق اور سروکار نہیں رکھنا جو ہمیں یہ سکھائے کہ یسوع ''مسیح'' نہیں ہے۔اِس بات کا انکار کہ وہ ابنِ خدا ہے اُس واحد اُمید کا انکار کرنا ہے جو ہمیں اُس میں حاصل ہے۔اگر ہم یسوع کے ابنِ خدا ہونے کا انکار کریں تو پھر ہم نور میں نہیں چل سکتے۔

کیا آپ نور میں چلنا چاہتے ہیں؟ ضرور ہے کہ آپ یسوع کو بطور مسیح قبول کریں جو کہ آپ کو گناہوں سے نجات دینے کے لئے آیا۔یوحنا رسول کے مطابق، بطور مسیح، ابن خدا کا معنی ہے کہ آپ اپنی رضا اور مرضی سے اُسکے سامنے گھٹنے ٹیک رہے ہیں۔

اِس کا مطلب ہے کہ آپ اپنی زندگی میں اُس کی خداوندیت کے تابع ہو رہے ہیں۔اِس کا مطلب ہے کہ ابدی زندگی کے لئے وہی آپ کی واحد اُمید ہے۔

اِس کا مطلب ہے کہ آپ اُس کی تابعداری میں زندگی بسر کریں۔

مسیح کے ساتھ رفاقت میں چلنے میں چوتھی بڑی رکاوٹ مسیح کے ابن خدا ہونے کا انکار کرنا ہے۔

چند ایک غور طلب باتیں

☆۔اگر یسوع ہی مسیح نہ ہوتا تو آج ہم کہاں ہوتے؟

☆۔آج کے دوَر میں یسوع کے بارے کیا آراء پائی جاتی ہیں؟

☆۔لوگوں کی اِس بات کو سمجھنے میں ہم کیا مدد کر سکتے ہیں کہ یسوع ہی مسیح ہے؟

☆۔اگر ہم بطور مسیح اُس کا انکار کریں تو پھر نور میں چلنا کیوں کر ناممکن ہے؟

☆۔کیا آپ کے معاشرے میں ایسے لوگ ہیں جو خداوند یسوع کے مسیح ہونے کا انکار کرتے ہیں؟

دُعائیہ نکات

☆۔خداوند کے حضور شکر گزاری کریں کہ ہم جو گناہ میں کھوئے ہوئے تھے وہ ہمیں ایک اُمید دینے کے لئے آیا۔

☆۔روح القدس کے لئے خداوند کی شکر گزاری کریں جو ہمیں یسوع کے مسیح ہونے کے بارے یقین دہانی عطا کرتا ہے۔

☆۔خداوند کی شکر گزاری کریں کہ وہ ہم پر یسوع کو ظاہر کرتا ہے۔

☆۔کچھ لمحات کے لئے دُعا میں جھکیں اور خداوند سے کہیں کہ وہ آپ کے کسی دوست یا عزیز پر یسوع کو بطور نجات دہندہ ظاہر کرے جو ابھی تک اِس سچائی سے ناواقف ہے۔

حقیقی ایمان کی پہلی کسوٹی۔راستبازی

1 یوحنا 10:3,28:2 پڑھیں

یوحنا رسول نے ہمیں خداوند کے ساتھ رفاقت میں حائل ہونے والی چار رکاوٹوں کی یاد دہانی کرائی ہے۔اَب ہمیں معلوم ہوگیا ہے کہ کون سی چیز ہمیں خداوند کی رفاقت سے دُور رکھ سکتی ہے۔اَب ہم ایک اور اہم سوال کی طرف اپنی توجہ مرکوز کرتے ہیں۔مجھے کیسے معلوم ہوسکتا ہے کہ میں خداوند کی رفاقت میں ہوں؟اگلے چند ابواب میں یوحنا رسول حقیقی ایمان کی مختلف اقسام کی کسوٹیاں پیش کریں گے۔میں آپ سے یہی توقع کروں گا کہ آپ بغور اُن کسوٹیوں کا جائزہ لیں۔حقیقی ایمان کی پہلی کسوٹی راستبازی ہے۔

یوحنا اِس حصہ کا آغاز اپنے قارئین کرام کو اِس بات کیلئے اُبھارنے سے کرتا ہے کہ وہ خداوند کے ساتھ چلنا جاری رکھیں۔تاکہ جب وہ دوبارہ واپس آئے تو اُنہیں شرمندگی نہ اُٹھانا پڑے۔(آیت 28) یوحنا رسول پھر انہیں 29 میں یاد دلاتا ہے کہ جو کوئی خدا سے پیدا ہوا ہے راستبازی کے کام کرے گا۔صرف راستبازی کے کام کرنے سے ہم شرمندگی سے بچ سکتے ہیں۔یہی ایک حقیقی ایماندار کے دل کا روّیہ ہوتا ہے۔

یوحنا رسول 3 باب میں ہمیں باپ کی اُس عظیم محبت کے بارے میں بھی یاد دہانی کراتا ہے

جو وہ ہم سے رکھتا ہے۔(آیت 1) اُس نے ہمیں گناہ اور مایوسی کی دُنیا سے بچایا۔اُس نے ہمیں شیطان کے جبڑے سے چھڑا کر اپنے بیٹے اور بیٹیاں بنایا۔خدا کے فرزند ہوتے ہوئے،اَب ہم وہ لوگ نہیں جو کبھی ہوا کرتے تھے۔ہم تبدیل ہو چکے ہیں۔

یہ تبدیلی اِس قدر انقلابی تبدیلی ہے کہ عام لوگ اِس تبدیلی کو سمجھنے سے قاصر ہیں۔(آیت 1) لوگ کبھی بھی اِس تبدیلی کو پہچان نہیں سکتے جو ہمارے دل میں واقع ہوئی ہے۔

وہ دن دُور نہیں جب ہمارا خداوند یسوع آ جائے گا۔وہ آئے گا تاکہ ہمیں بھی ساتھ لے جائے تاکہ ہمیشہ ہی اُس کے ساتھ رہیں۔وہ تبدیلیاں جن کا ہم نے اِس دُنیا میں سامنا کیا ہے کسی طور پر بھی اِن کا موازنہ اُن برکات سے نہیں کیا جا سکتا جو ہمیں ابدیت میں ملیں گی۔یوحنا رسول ہمیں دوسری آیت میں بتاتا ہے کہ ہم خداوند یسوع مسیح کی مانند بن جائیں گے۔

جب ہمارا خداوند یسوع مسیح آئے گا تو وہ ہمارے اُوپر غالب آنے والے گناہ کے زور کو برباد کر دے گا۔شیطان کی قوتوں کا زور ختم ہو جائے گا۔ہماری پرانی فطرت کسی طور پر بھی ہماری زندگی میں کسی قسم کی رکاوٹ کا باعث نہ ہوگی۔ہم پوری دلی یکسوئی سے خداوند کو پیار کریں گے۔ہم اُس کی مانند ہونگے۔ہم اُسے روبرو دیکھیں گے۔وہ دن کس قدر جلالی دن ہوگا!

یوحنا رسول ہمیں تیسری آیت میں یاد دلاتا ہے کہ وہ جو اِس اُمید کے ساتھ زندگی گزار

رہے ہیں اپنے آپ کو پاک کریں گے۔ اگر آپ خداوند یسوع مسیح کے ساتھ پیار کریں اور ابدی زندگی کی اُمید آپ کے دل میں موجود ہو، تو اِس کے بدلے میں آپ اُس کی (تابعداری اور محبت میں زندگی بسر کرنا چاہیں گے۔) اگر آپ خدا سے پیدا شدہ ہیں، تو پھر اُس کا کردار اور اُس کی راستبازی آپ کی زندگی میں دیکھی جائے گی۔ تو پھر آپ کے دل میں ایک فطری رجحان ہوگا کہ آپ خود کو پاک رکھیں۔ تا کہ آپ زیادہ سے زیادہ اپنے مالک اور خداوند کی مانند ہوجاتے چلیں جائیں۔

یوحنا رسول بتاتا ہے کہ گناہ خدا کی شریعت کی عدولی ہے۔ (آیت 4) گناہ گار ہوتے ہوئے، ہمارا طبعی رجحان ومیلان خدا اور اُس کی شریعت اور آئین واحکام سے دُور رہنا ہوتا ہے۔ ہم اپنے طور پر خدا اور اُس کی راہوں کے طالب نہیں ہو سکتے۔ مسیح کو جاننے سے پہلے، ہماری زندگی میں گناہ کے بدترین نمونے پائے جاتے تھے۔ ہم گناہ سے مغلوب اور اُس کے غلام تھے۔ ہم نے ہمیشہ ہی خدا کی طرف اپنی پشت پھیری اور اپنے من چاہے انداز سے زندگی گزارنے کا چناؤ کیا اور اُس کے تقاضوں کو نظر انداز کیا۔ ہم خدا کی شریعت کو توڑنے کے مجرم رہے۔

جب خداوند یسوع مسیح اِس دُنیا میں آئے، تو وہ اِسی لئے آئے تا کہ گناہ کے اُس راج کو ختم کردیں جس نے خدا کے ساتھ ہمارے رشتہ میں ایک دیوار کھڑی کر رکھی تھی۔ (آیت 5) وہی ہے جس نے ہمیں گناہ پر فتح بخشی۔ کوئی گناہ پر فتح نہ پا سکا۔ وہی کامل تھا۔

اپنی زندگی میں گناہ کے زور اور تسلط سے رہائی پانے میں وہی ہماری واحد اُمید ہے۔
6 آیت میں یوحنا رسول ہمیں بتاتے ہیں کہ جب خداوند یسوع مسیح ہمارے دل میں رہنے کے لئے آئے تو اُس نے ہماری فطرت کو تبدیل کر کے رکھ دیا۔ اگر وہ ہم میں سکونت کرتے ہیں۔ تو پھر ہم ایسی زندگی بسر کرنا جاری نہیں رکھیں گے جو گناہ آلودہ کردار سے مغلوب ہوں۔ ''جو کوئی اُس میں قائم رہتا ہے، گناہ نہیں کرتا'' ہماری زندگی میں روح القدس کے آنے کا مقصد یہی تھا کہ وہ ہمیں قوت کے لباس سے ملبس کر دے تاکہ ہم ایسی زندگی بسر کر سکیں جس کا تقاضا خدا ہم سے اِس دُنیا میں کرتا ہے۔
یہ کہنا مراد نہیں کہ ہم کبھی بھی گناہ کے پھندے میں نہیں پھنسیں گے۔ ہم پر آزمائش آسکتی ہے۔ یہاں اِس بات پر غور کریں کہ یوحنا یہ نہیں کہہ رہا کہ حقیقی ایماندار گناہ نہیں کریں گے۔ بلکہ یہ کہ حقیقی ایماندار قطعاً عادتاً گناہ کرنا جاری نہیں رکھیں گے۔ روح القدس کی قائلیت اور خداوند یسوع مسیح کی محبت حقیقی ایماندار کو اُن گناہوں سے نپٹنے کے لئے مجبور کرے گی جو کہ اُن کی زندگی میں ظاہر ہوتے ہیں۔
یوحنا رسول اُس قوت کی یاد دہانی کراتا ہے جو اَب ایک ایماندار کی زندگی میں موجود ہے۔
''اَے بچو! تم خدا سے ہو اور اُن پر غالب آگئے ہو کیوں کہ جو تم میں ہے وہ اُس سے بڑا ہے جو اِس دُنیا میں ہے۔'' ﴿1 یوحنا 4:4﴾
کیوں کہ خدا کا روح ہم میں رہتا ہے۔ خدا سے دور رکھنے والے عادتاً سرزد ہونے والے

گناہوں پر غلبہ پانے کے لئے اَب ہم میں نئی قوت موجود ہے۔حقیقی ایماندار راستبازی کی زندگی گزارتے ہوئے اِس قوت کا ثبوت دیں گے۔کیونکہ خدا کا روح ہم میں رہتا ہے۔یوحنا رسول اپنی لکھی گئی انجیل مقدس میں ایمانداروں کو انگور کے حقیقی درخت سے پیوستہ شاخوں کے ساتھ تشبیہ دیتا ہے۔

(آیت 5) خدا کی گہری حضوری ایمانداروں میں جاری رہتی ہے اور زندگی،قوت اور بار آوری ﴿پھلداری﴾ کو لاتی ہے۔مقدس پولس رسول فلپیوں کے خط میں اِس بات کو یوں بیان کرتے ہیں۔

"کیوں کہ جو تم میں نیت اور عمل دونوں کو اپنے نیک ارادہ کو انجام دینے کے لئے پیدا کرتا ہے وہ خدا ہے۔" ﴿فلپیوں 13:2﴾

بطور ایماندار ہم خدا کے لئے ایک وسیلہ ہیں جن سے خدا کی قدرت بہہ کر دوسروں تک پہنچ سکتی ہے۔ہمارے دلوں میں زندہ اور متحرک ہے۔جب ہم اپنے زندگی میں خداوند یسوع کی اطاعت قبول کر لیتے ہیں۔جب خدا کی قدرت ہم میں کام کرتی ہے تو ہم راستبازی کی زندگی بسر کرتے ہیں اور اپنے ہر ایک کام میں خداوند کو عزت اور جلال دینے کے طالب ہوتے ہیں۔

یوحنا رسول کو اِس بات کی واضح سمجھ اور فہم حاصل ہے کہ حقیقی ایماندار جن میں خداوند یسوع سکونت کرتا ہے۔کبھی بھی عادتاً گناہ نہیں کرتے رہیں گے۔ایک بار پھر ہمیں یہاں پر اِس بات کو سمجھنے کی ضرورت ہے کہ اِس کا یہ مطلب نہیں کہ ایماندار کبھی گناہ میں

نہیں گریں گے۔ 1 یوحنا 1:10 میں ہمیں بتاتا ہے کہ ''اگر کہیں کہ ہم نے گناہ نہیں کیا تو اُسے جھوٹا ٹھہراتے ہیں اور اُس کا کلام ہم میں نہیں۔''

ہم میں سے ہر ایک گناہ میں گر چکا ہے۔ مرتے دم تک ہمیں گناہ کے ساتھ کشمکش کا تجربہ ہوتا رہے گا۔ یوحنا رسول ہمیں یہ بتا رہے ہیں کہ حقیقی ایماندار گناہ میں تو گر سکتے ہیں لیکن وہ گناہ میں مستقل زندگی گزارتے نہیں رہیں گے۔ اُس دل میں کوئی ایسا گناہ نہیں رہ سکتا جہاں خداوند رہتا ہے۔ ایسا وقت بھی آئے گا جب گناہ ہماری پرانی فطرت کے پوشیدہ مقامات سے پھوٹ پڑے گا۔ لیکن جب اُس کا سامنا خدا کی حضوری سے ہوگا تو اُسے شکست سے دوچار ہونا پڑے گا۔ ایمانداروں کو اپنی زندگی میں گناہ پر فتح حاصل ہونی چاہیئے۔ کیوں کہ خدا اُن میں رہتا ہے۔

اگر آپ کے دل میں ابھی تک گناہ کا راج اور تسلط ہے تو پھر آپ کو اپنے آپ سے یہ سوال پوچھنا چاہیئے۔

''کیا میں نے اپنی زندگی میں کبھی خدا کی حضوری اور قدرت کا تجربہ کیا ہے''؟ اگر آپ اپنی زندگی میں خدا کی حضوری سے واقف ہیں تو پھر آپ اپنی زندگی میں گناہ پر فتح کا تجربہ بھی کریں گے۔

اگر آپ گناہ میں زندگی بسر کرنا جاری رکھے ہوئے ہیں اور کبھی بھی گناہ کے تعلق سے آپ کو کوئی ندامت، پچھتاوہ یا قائلیت محسوس نہیں ہوئی تو پھر آپ کو اپنے آپ سے یہ سوال کرنا چاہیئے ''کیا میں واقعی مسیح کو جان چکا ہوں۔''

یوحنا رسول 7-8 آیات میں بڑی زبردست باتیں بیان کرتے ہوئے حاصلِ کلام بیان کرتے ہیں۔

''جو کوئی راستبازی کے کام کرتا ہے وہی یسوع کی طرح راستباز ہے۔ جو شخص گناہ کرتا ہے وہ ابلیس سے ہے۔''

مسیح کی زندگی گناہ اور ابلیس پر فتح اور غلبے کی زندگی ہے۔ جب خدا کا روح آپ کی زندگی میں سکونت پذیر ہونے کیلیئے آتا ہے۔تو پھر وہ زندگی میں ناقابلِ فہم اور گہری تبدیلیاں پیدا کرتا ہے۔

اگر آپ نے پورے طور پر اپنی زندگی کا اختیار خداوند کو دے دیا ہے تو پھر آپ کبھی بھی گناہ میں مستقل طور پر زندگی بسر نہیں کرتے رہیں گے۔ اگر خدا آپ میں رہتا ہے، تو پھر آپ اُس شریر پر مسلسل فتح کا تجربہ کریں گے۔ جس طرح اُس نے یوناہ کی زندگی میں کیا۔ خدا اُس وقت تک آپ کا تعاقب کرتا رہے گا جب تک کہ گناہ اور باغی پن آپ کی زندگی اور دل سے دُور نہ ہو جائیں اور آپ کا اُس کے ساتھ تعلق اور رشتہ پھر سے بحال نہ ہو جائے۔

یہ بات قابلِ تسلیم ہے کہ حقیقی ایماندار ہوتے ہوئے بھی ہماری زندگی میں ایسے گناہ ہوتے ہیں جن سے نپٹنے میں ہمیں دشواری کا سامنا کرنا پڑتا ہے۔ زندگی میں گاہے بگاہے ہمیں گناہوں سے کشمکش کا سامنا رہتا ہے۔

لیکن اِس کا ہرگز یہ مطلب نہیں کہ ہم مسیح کے نہیں۔ یہاں پر جس نقطہ پر ہم بات کر رہے

ہیں وہ یہ ہے کہ ہم مستقل طور پر اپنی مرضی سے گناہ میں زندگی جاری نہیں رکھتے۔ حقیقی مسیحی اپنی زندگی میں گناہ کو رکھ کر بے چین ہو جاتے ہیں۔ اگر ہم مسیح کے لئے زندگی گزار رہے ہیں۔ تو پھر گناہ سے نبرد آزما ہونے اور اُس پر فتح پانے کے لئے ہم وہ سب کچھ کر گزریں گے جو کہ ہم کر سکتے ہیں۔

اگر ہم اپنی زندگی میں گناہ رکھتے ہوئے بے چینی اور پچھتاوہ محسوس نہ کریں بلکہ گناہ کرنا جاری ہی رکھیں تو پھر ہمیں ذاتی طور پر اپنے آپ سے یہ سوال کرنے کی ضرورت ہے۔ ''کیا واقعی خدا کا روح مجھ میں بسا ہوا ہے؟''

حقیقی ایمان کی پرکھ راستبازی ہے۔ جو یسوع مسیح کو جانتے ہیں وہ اپنی زندگی میں اُس کی قدرت کو کام کرتا ہوا دیکھیں گے۔ خدا کے روح کی حضوری اور قدرت ایمانداروں کے دلوں میں سے گناہ اور باغیانہ روّیوں کو دور کر دے گی۔ اور اُنہیں تابعداری اور وفاداری میں زندگی گزارنے کی توفیق دے گی۔ کیا آپ کو کبھی ایسا تجربہ ہوا ہے؟

چند ایک غور طلب باتیں

☆۔ایک ایماندار ہوتے ہوئے آپ کو اپنی زندگی میں کس قسم کے گناہوں کے ساتھ کشمکش کا سامنا کرنا پڑتا ہے؟ ☆۔جب آپ گناہ میں گرتے ہیں تو کیسا محسوس ہوتا ہے؟ ☆۔کیا آپ کی زندگی میں نئی رستبازی کا ثبوت موجود ہے؟

☆۔جب سے آپ خداوند کے پاس آئے ہیں، اُس وقت سے اَب تک خداوند نے آپ کی زندگی میں کیسی تبدیلیاں پیدا کی ہیں؟

☆۔گناہ میں گرنے اور گناہ میں مستقل زندگی گزارنے میں کیا فرق ہے؟

دُعائیہ نکات

☆۔خدا کے حضور اِس بات کے لئے شکر گزاری کریں کہ اُس نے اپنے روح کو بھیجا جو آپ کو گناہ کے لئے قائلیت اور پچھتانے کی توفیق دیتا ہے۔

☆۔خدا سے اُن خاص گناہوں پر فتح حاصل کرنے کے لئے دُعا کریں جن سے آپ آج کل کشمکش سے دوچار ہیں۔

☆۔خدا کے فرزند ہوتے ہوئے اپنے آپ کو گہرے طور پر اُس کے تابع کر دیں۔اُس سے درخواست کریں کہ وہ آپ کو روح القدس کی خدمت اور اُس کی آواز کے لئے اور زیادہ جانکاری اور آگاہی بخشے جو آپ کو گناہ سرزد ہو جانے پر قائل کرتا اور پچھتانے کی توفیق دیتا ہے۔

حقیقی ایمان کی دوسری کسوٹی: محبت

1 یوحنا3: 11-18 پڑھیں

یوحنا کے پہلے خط میں جس سوال پر ہم غور کر رہے ہیں وہ یہ ہے۔ مجھے کیسے معلوم ہوسکتا ہے کہ میں خداوند یسوع مسیح کی رفاقت میں چل رہا ہوں؟

یوحنا رسول نے بہت سی کسوٹیاں یہاں پر بیان کی ہیں۔گزشتہ مطالعہ میں ہم نے راستبازی کی پرکھ پر غور کیا تھا۔ یہاں اِس دوسرے حصے میں ہم حقیقی ایمان کی دوسری پرکھ (کسوٹی) محبت پر غور کریں گے۔

آیت 10 میں یوحنا رسول ہمیں دوسری کسوٹی متعارف کرواتا ہے۔ یہاں وہ ہمیں بتاتا ہے کہ جو کوئی ''اپنے بھائی سے محبت نہیں رکھتا'' خدا کا فرزند نہیں ہے۔ یہ بہت ضروری ہے کہ ہم اِس بات کو سمجھیں کہ اپنے بھائی سے محبت کرنے کا کیا مطلب ہے۔اکثر اوقات محبت کو اُن پرجوش احساسات کے ساتھ خلط ملط کر دیا جاتا ہے جو ہم اُس وقت محسوس کرتے ہیں جب ہم کسی ایسے شخص کے ساتھ ہوتے ہیں جس کی صحبت و رفاقت سے ہم لطف اندوز ہوتے ہیں۔

یوحنا رسول ہمیں یہ نہیں کہہ رہا کہ ہم ہر اُس شخص کے لئے پرجوش احساسات رکھیں جس سے ہماری ملاقات ہوتی ہے۔ کچھ ایسے لوگ بھی تو ہوتے ہیں جن کی رفاقت سے ہم

قطعاً لطف اندوز نہیں ہوتے۔ اگر محبت پر جوش احساسات نہیں تو پھر محبت کیا ہے؟
محبت کی وضاحت کرنے کے لئے یوحنا رسول ہمیں خداوند یسوع مسیح کی مثال دیتا ہے۔

16 ویں آیت سے شروع کرتا ہے"ہم نے محبت کو اِسی سے جانا"
ہم جانتے ہیں کہ محبت کیا ہے کیوں کہ یسوع مسیح نے ہمارے لئے اپنی جان قربان کی ہے۔ اگر آپ اِسی طریقہ سے محبت کرنا چاہتے ہیں جیسا کہ خداوند چاہتا ہے، تو پھر آپ کو مسیح کے نمونے پر چلنا ہوگا۔ محبت دوسروں کیلئے اپنی جان قربان کرنے کا نام ہے۔
دوسروں کے لئے اپنی جان قربان کرنے کے بہت سے طریقہ کار ہیں۔

17 آیت میں یوحنا رسول ہمیں ایک مثال دیتا ہے۔ فرض کریں کہ آپ کے پاس کوئی مادی قیمتی چیز ہے۔ اور آپ کسی بھائی کو محتاجی کی حالت میں دیکھتے ہیں تو آپ کون سا پر محبت قدم اٹھانا چاہیں گے؟

یہ پُر محبت قدم یہی ہے کہ آپ اُس کی پریشانی کو ختم کرنے کے لئے اپنے پاس موجود قیمتی چیز میں سے اُسے بھی کچھ دے دیں۔ اِس صورتحال میں اپنے بھائی کے لئے"اپنی جان قربان کرنے" اُس کے لئے اُس چیز کی قربانی دینا ہے جو آپ کے پاس موجود ہے اور اُس کی ضرورت پوری کرسکتی ہے۔ بالکل ایسے ہی جیسے مسیح نے آپ کے لئے اپنی جان قربان کردی۔

جان قربان کرنے کا مطلب ہے قربانی دینا۔ وہ قربانی جو یسوع نے دی وہ اُس کی اپنی جان کی قربانی تھی۔ اگرچہ ہمیں جسمانی طور پر تو اپنے کسی بھائی یا بہن کے لئے مرنے

کے لئے نہیں کہا جائے گا لیکن بعض موقعوں پر یہ ممکن ہوسکتا ہے کہ خدا ہم سے کسی اور طریقہ سے اُن کے لئے قربانی دینے کا تقاضا کرے۔ہم میں سے بعض سے اپنے تکبر کی طرف سے مرنے کا تقاضا کیا جائے گا۔بعض کو اپنے عیش و آرام کو ترک کرنا پڑے گا۔بعض کو اپنا وقت اور کاوشیں اپنے بھائیوں اور بہنوں کیلئے مخصوص کرنا پڑیں گی۔جبکہ بعض مالی اور مادی چیزوں کو قربان کرنے تک محدود رہیں گے۔

یوحنا رسول ہمیں یہاں پر یہ سمجھانے کی کوشش کر رہا ہے کہ اگر ہم اپنے بھائی سے محبت رکھتے ہیں تو ہمیں اُن کے لئے اپنے آپ اور اپنی جائیداد اور املاک کو اُن کے لئے قربان کرنے کے لئے تیار اور آمادہ ہونا پڑے گا۔محبت محض زبانی کلامی اظہارِ محبت نہیں بلکہ محبت عملی اقدام کا تقاضا کرتی ہے۔محبت وقت اور وسائل کا تقاضا کرتی ہے۔

ضرورت ہے کہ اِس قسم کی محبت کو فروغ دیا جائے۔اگر آپ شادی شدہ ہیں تو آپ کو معلوم ہو جائے گا کہ محبت کا ٹھنڈا پڑ جانا کس قدر آسان ہے۔کیا آپ کو معلوم ہے کہ آپ نے کب اپنے جیون ساتھی کو دیکھنا شروع کیا تھا؟ کیا آپ نے اُس کے لئے کچھ بھی نہیں کیا تھا؟ کیا آپ زندگی کو ہر ممکن حد تک خوشگوار بنانے کے لئے اپنی ڈگر پر ہی چلتے رہے؟ اِس کا مطلب ہے اپنی جیب سے روپیہ پیسہ خرچ کرنا۔

اِس کا مطلب ہے رات کو دیر سے سونا اور صبح سویرے اُٹھ جانا۔محبت آپ کی اعلیٰ ترین کاوشوں اور وقت کا تقاضا کرتی ہے۔آپ کی محبت کے سامنے بڑے سے بڑا خرچ بھی معمولی لگتا تھا۔لیکن وقت گزرنے کے ساتھ ساتھ،صورتِ حال میں تبدیلی آنا شروع

ہوگئی۔ اَب آپ پہلے جیسی قربانیاں دینے کے لئے تیار نہیں تھے۔ اَب آپ نے اپنے ساتھی کی زندگی کو آرام دہ بنانے کی بجائے اسے اپنی زندگی کو آرم دہ بنانے کے لئے اُسے استعمال کرنا شروع کر دیا۔ اب آپ کے وقت اور روپے پیسے کا تصرف آپ کی ذات تک ہی محدود ہو کر رہ گیا۔ آپ کی محبت ٹھنڈی پڑنا شروع ہوگئی اور اَب آپ اپنے ساتھی کے لئے اپنی جان کو قربان کرنے کے میں قطعاً کوئی خوشی محسوس نہیں کرتے۔

11 ویں آیت میں یوحنا رسول ہمیں بتاتے ہیں کہ ہمیشہ ہی سے خدا کی یہ مرضی رہی ہے کہ ہم ایک دوسرے سے قربانی دینے والی محبت کریں۔ ایک دوسرے کے لئے قربانی دینے کا تصور تخلیق سے پیوستہ ہے۔ حوا کیسے خلق کی گئی؟ کیا وہ آدم کی پسلی سے نہیں لی گئی تھی؟

حوا کی تخلیق کے لئے آدم کو اپنی پسلی کی قربانی دینا پڑی۔ کیوں خدا نے آدم کی پسلی کا تقاضا کیا؟ خدا حواؔ کو آدم کی طرح زمین کی مٹی سے بھی تو خلق کر سکتا تھا۔ میرا ایمان ہے کہ خدا آدم کو ایک سبق سکھا رہا تھا۔ وہ اُسے قربانی دینے والی محبت کے تصور کے بارے تعلیم دے رہا تھا۔ حواؔ کی تخلیق کے لئے آدم کی طرف قربانی کا تقاضا کیا گیا۔ ہم اپنے آپ کو قربان کر کے دوسروں کو زندگی دیتے ہیں۔ یہ ہے محبت کرنے کا اصل معنی اور مفہوم۔

آدم اور حوا کے وسیلہ سے گناہ بنی نوع انسان میں داخل ہو گیا اور اُنہوں نے خدا کی طرح محبت کرنے کی صلاحیت کو کھو دیا۔

12 آیت میں ہمیں قائن اور ہابل کے بارے یاد دلایا گیا ہے۔ جب خدا نے قائن کی

قربانی کو قبول نہ کیا پر ہابل کی قربانی منظور کر لی تو قائن نے اپنے بھائی ہابل کو قتل کر دیا۔ قائن کی عبادت قابلِ قبول نہ تھی کیوں کہ وہ ایمان کے ساتھ خدا کے حضور نہیں آیا تھا۔ (عبرانیوں 11: 4) قائن خدا کا فرزند نہیں تھا بلکہ وہ شریر سے تعلق رکھتا تھا۔ قائن کی اصل فطرت اور نفرت اپنے راست باز بھائی کے خلاف حسد سے ظاہر ہو گئی۔ قائن اپنے تکبر کو مذبح پر رکھنے کے لئے اور نہ ہی ایمان سے خدا کے حضور قربانی کرنے کے لئے تیار تھا۔ یہ ساری صورتحال اُس کے بھائی کے قتل کا سبب ٹھہری۔ اپنی خودی کے اعتبار سے مرنے کا تصور ہر دلعزیز نہیں ہے۔

یوحنا رسول 13 ویں آیت میں ہمیں بتاتا ہے کہ دُنیا ایک دوسرے کے لئے جان قربان کرنے کے تصور کو نہیں سمجھ پائے گی۔ یہ اصول تو ہمارے معاشرے کے مفاد کے قطعی طور پر خلاف ہے۔ رسول ہمیں اِس بات کے تعلق سے بھی آگاہ کرتا ہے کہ اگر ہمیں دُنیا جنونی کہے اور اِس لئے رد کر دے کہ ہم اُس جیسے نہیں تو ہمیں قطعاً متعجب نہیں ہونا۔ دوسروں کے لئے قربانی دینا لوگوں کا فطری میلان ورجحان نہیں ہے۔ حقیقی ایماندار اپنے بھائی سے نفرت نہیں کرتا۔ "جو کوئی اپنے بھائی سے نفرت رکھتا ہے وہ خونی ہے۔" (آیت 15) کلامِ مقدس کے اِس حوالہ کے مطابق، ہمیں قتل کے مجرم بننے کے لئے حقیقی طور پر کسی کو قتل کرنے کی ضرورت نہیں ہے۔ دوسروں کے خلاف اپنے باطن میں نفرت اور عداوت رکھنے سے ہی ہم خدا کے حضور قاتل اور خونی ٹھہر جاتے ہیں۔ ہم ایسی نفرت اور عداوت کو اپنے دل میں رکھتے ہوئے خدا کے ساتھ رفاقت نہیں

رکھ سکتے۔ یاد رکھیں اگر ہم محبت نہیں رکھتے تو ہم موت کی حالت میں رہتے ہیں۔ (آیت 4) بالفاظ دیگر، وہ لوگ جو محبت نہیں کرتے، ابھی تک خدا کی عدالت اور سزا کے نیچے ہیں۔ یوحنا اِس حصہ کے اختتام پر ہمیں یہ بات یاد دلاتا ہے کہ ''ہم جانتے ہیں کہ ہم موت سے نکل کر زندگی میں داخل ہوگئے ہیں۔ کیوں کہ ہم بھائیوں سے محبت رکھتے ہیں۔'' (آیت 14)

جب خدا ایک ایماندار کے دل میں رہتا ہے تو وہ دل محبت سے معمور ہو جاتا ہے۔ نفرت، تلخی، کڑواہٹ، حسد اور عداوت اُس دل سے کافور ہو جاتی ہیں جس میں خدا سکونت کرتا ہے۔ جب خدا ہمارے دلوں میں رہتا اور راج کرتا ہے تو پھر اپنے بھائیوں اور بہنوں کے لئے ہماری خالص محبت بالکل واضح اور نمایاں ہوگی۔

حقیقی ایمان کی دوسری کسوٹی / پرکھ، ایمان کی پرکھ ہے۔ اگر آپ دوسروں کے لئے مسیح کی قربانی دینے والی محبت کے تجربہ سے گزر رہے ہیں تو آپ جان سکتے ہیں کہ آپ کی خدا کے ساتھ رفاقت ہے۔

یہ وہ محبت ہے جس سے آپ پہلے واقف نہ تھے۔ یہ محبت آپ کی فطرت کا حصہ نہیں ہے۔ آپ اپنی فطرت کے ماتحت کبھی بھی کسی سے ایسی محبت نہیں کر سکتی۔ یہ تو ایک نئی اور منفرد محبت ہے۔ یہی حقیقی محبت ہے۔ یہ محبت اِس لئے آپ کے دل میں ہے کیوں کہ خدا آپ میں رہتا ہے۔ اگر آپ جانتے ہیں کہ میں کیا بیان کر رہا ہوں تو پھر آپ کو یہ بھی معلوم ہوگا کہ خدا آپ میں سکونت کرتا ہے اور آپ کا ایمان حقیقی ہے۔

چند ایک غور طلب باتیں

☆۔جب آپ کی یسوع کے ساتھ رفاقت ہوئی تو اردگرد کے لوگوں کے ساتھ آپ کے تعلقات میں کیا تبدیلی واقع ہوئی؟ کیا اُن کے ساتھ آپ کی محبت میں اضافہ ہوا؟

☆۔انسانی محبت اور اُس محبت میں کیا فرق ہے جو یسوع مسیح آپ کے دل میں ڈالتا ہے؟

☆۔کیا کچھ ایسے لوگ ہیں جن سے محبت کرنے میں آپ کو دشواری محسوس ہوتی ہے؟ کیا خدا اُن لوگوں سے محبت رکھتا ہے؟ آپ کیسے خدا کو اپنے وسیلہ سے اُنہیں محبت کرنے کا موقع دیں گے؟

دُعائیہ نکات

☆۔کیا آپ کی زندگی میں کوئی ایسا شخص ہے جس کے ساتھ محبت کرنا مشکل لگتا ہے؟ خداوند سے کہیں کہ وہ اُن لوگوں سے محبت کرنے میں آپ کی مدد کرے۔

☆۔خداوند کا اُس نئے دل کے لئے شکر ادا کریں جو اُس نے آپ کو دیا ہے۔خداوند کا شکر ادا کریں کہ کس طرح اُس نے نفرت اور کڑواہٹ کو نکال کر محبت کی سرگرمی اور روشنی سے آپ کو معمور کر دیا ہے۔

☆۔کچھ لمحات کے لئے دُعا کریں کہ ہمارے دوَر کی کلیسیا ایک دوسرے کے لئے قربانی دینے والی محبت کے تجربہ کی تجدید نو کر سکے۔

رفاقت کی تیسری کسوٹی۔تجدید شدہ دل

1یوحنا3:19-24 پڑھیں

یوحنا کا پہلا خط کافی حد تک عملی خط ہے۔ یوحنا ہمارے ایمان کی بنیادوں کے تعلق سے بہت فکر مند ہے۔

یہاں پر ہم ایک سوال کا جائزہ لے رہے ہیں۔ میں کیسے جان سکتا ہوں کہ میں خدا کا فرزند ہوتے ہوئے ،نور کی رفاقت میں چل رہا ہوں۔

یوحنا رسول نے حقیقی ایمان کے کی دو کسوٹیاں پہلے ہی ہمارے سامنے رکھ دی ہیں۔اب رسول یہاں پر تیسری پرکھ تجویز کرتا ہے۔اور وہ پرکھ ہے تجدید شدہ دل کی پرکھ۔ یہ سوال ہے ''میں خدا کا فرزند ہوں یا نہیں اور نور میں چل رہا ہوں۔''

یہ وہ سوال ہے جو ہم میں سے ہر ایک کو اپنے آپ سے پوچھنا چاہئے۔اگر آپ بھی میری طرح کے انسان ہیں تو آپ کی زندگی میں بھی ایسے وقت آئے ہونگے جب میری طرح آپ بھی اپنی گناہ آلودہ فطرت پر سراسیمہ ہو گئے ہوں گے۔

یقیناً ہماری زندگی میں ایسے وقت آتے ہیں۔ جب ہم اپنے دلوں کی حالت پر نظر کرتے اور اِس بات کو پہچانتے ہیں کہ ہم خدا سے کس قدر دُور ہیں۔ یوں لگتا ہے کہ جس قدر ہم خدا کے قریب آتے ہیں اُسی قدر ہم اپنے آپ کو گناہ گار محسوس کرتے ہیں۔ کسی شخص نے

ایک مسیحی شخص کی زندگی کو ایک ایسے شخص کی زندگی سے تشبیہ دی ہے جو شام کے وقت ایک جنگل میں سے گزر رہا ہو جبکہ ہر طرف اندھیرا ہی اندھیرا ہو۔ وہ جنگل پار اپنے دوست کے گھر جاتے ہوئے راستہ کو واضح طور پر نہیں دیکھ سکتا۔ چلتے ہوئے وہ پرانے درختوں کی جڑوں سے ٹھوکر کھا کر کیچڑ میں گر پڑتا ہے۔ وہ خود کو کیچڑ میں سے اُٹھاتا، اپنے آپ کو صاف کرتا اور پھر سے اپنی راہ پہ ہو لیتا ہے۔ پھر اچانک ایک فاصلے پر وہ اپنے دوست کے گھر کے صحن سے ایک روشنی درختوں کی اوٹ سے دیکھتا ہے۔

جب وہ روشنی کے قریب جاتا ہے، وہ اپنے کپڑوں کو دیکھتا ہے۔ روشنی میں جا کر اُسے علم ہوتا ہے کہ وہ کس قدر گندہ ہے۔ کئی منٹ گزر جانے کے بعد وہ اپنے دوست کے گھر کی روشنی کے اور بھی قریب جا پہنچتا ہے۔ وہ اپنے آپ کو دیکھتا ہے تو اُسے وہ کیچڑ بھی نظر آجاتا ہے جو کم روشنی میں اُسے دکھائی نہیں دیا تھا۔ یوں معلوم ہوتا ہے کہ جس قدر وہ روشنی کے قریب جاتا ہے، اُسی قدر اسے اپنی گندگی زیادہ نظر آتی ہے۔

کیا خداوند کے ساتھ ہمارا رشتہ بھی کچھ ایسا ہی نہیں؟ جس قدر ہم اُس کی پاکیزگی کی روشنی کے قریب جاتے ہیں، اُسی قدر ہم اپنے آپ کو زیادہ گناہگار محسوس کرتے ہیں۔

یوحنا رسول کہتا ہے کہ ہماری زندگی میں ایسے وقت بھی آتے ہیں جب ہمارا دل ہمیں ملامت کرتا ہے، بعض اوقات ہم اپنے دل کی گہرائیوں میں جھانکتے ہیں۔ اور ہمیں اپنے گناہ کی سیاہی نظر آتی ہے۔ ایسا وقت بھی آتا ہے جب خدا کی حضوری دُھندلی پڑ جاتی ہے۔ خداوند بہت دُور دکھائی دیتا ہے۔ ایسے اوقات میں کیسے ہم اپنے دل کو حالتِ

اطمینان میں لا سکتے ہیں؟ (آیت 19) گناہ آلودہ دل کی حقیقت کے پیشِ نظر، ہم کیسے جان سکتے ہیں کہ ''ہم حق کے ہیں۔'' 20 آیت ہمیں بتاتی ہے کہ ہم جان سکتے ہیں کہ ہم اَب بھی خدا کے فرزند ہیں کیوں کہ خدا ہماری گناہ آلودہ فطرت سے بڑا ہے اور سب کچھ جانتا ہے۔ آئیں اِس بات پر غور کریں جو یوحنا بڑی تفصیل کے ساتھ یہاں پر بتا رہا ہے۔

ہم کچھ وقت سے دل کے متعلق بات کرتے چلے آ رہے ہیں۔ ہم یہ کہہ رہے کہ خدا سے دُور بھاگنا دل کا ایک فطری رجحان و میلان ہے۔ یرمیاہ نبی بتاتا ہے کہ ''دل سب چیزوں سے زیادہ لاعلاج اور حیلہ باز ہے۔ اِسے کون جان سکتا ہے؟''

کلامِ مقدس کا ایک اور حوالہ ہمیں بتاتا ہے کہ نوح کے دور میں ''خداوند نے دیکھا کہ زمین پر انسان کی بدی بہت بڑھ گئی اور اُس کے دل کے تصور اور خیالات سدا بُرے ہی ہوتے ہیں۔'' (پیدائش 5:6) ہمارے دلوں کے تعلق سے بائبل مقدس کی یہی رائے ہے۔ ہوسکتا ہے جو کچھ بائبل مقدس ہمارے دل کے تعلق سے بیان کرتی ہے وہ ہمیں اچھا نہ لگے لیکن تو بھی جو کچھ بائبل مقدس بیان کرتی ہے سچ ہے۔

میں اکثر اوقات اپنے آپ سے یہ سوال کرتا ہوں، اگر میں اپنی فطرت کے مطابق اپنی من مانی کرنے کے لئے تنہا چھوڑ دیا جاتا تو کیا ہوتا؟ اگر ملامت، شریعت یا پھر اپنی نیک نامی قائم رکھنے کے شعور کے باعث میں اپنے اعمال و افعال میں محدود نہ ہوتا تو پھر میں کیا کرتا؟ اگر میرے دل میں خدا کی عزت کا خوف نہ ہوتا، تو میں آج کہاں ہوتا؟ اگر

میری زندگی کا اختیار میرے دل میں اُٹھنے والی خواہشات کے ہاتھوں میں ہوتا تو آج میں کہاں ہوتا؟ اگر میں آج تک اپنے گناہ آلودہ دل کو ہی اپنے راہوں کی راہنمائی کرنے دیتا تو آج کہاں ہوتا؟ مجھے ایسے سوالات کا جواب دیتے ہوئے خوف آتا ہے۔ جب میں اِس سوال پرغور وفکر کرتا ہوں، تو اپنے دل کی سیاہی کو پہچاننے پر مجبور ہو جاتا ہوں۔ایسی تذبذب کی حالت میں، مجھے کیسے معلوم ہوسکتا ہے کہ میں خدا کا فرزند ہوں؟ جب میرا اپنا دل مجھے ملامت کرتا ہوتو پھر میں کیسے اِس بات کا دعویٰ کرسکتا ہوں کہ میں خداوند یسوع مسیح کا ہوں؟

یوحنا مجھے یاد دلاتا ہے کہ جب میرا دل مجھے ملامت کرے، تو اِس صورت میں مجھے یاد کرنے کی ضرورت ہے کہ میرا خدا میرے گناہ سے زیادہ زور آور ہے۔ چونکہ میں خداوند یسوع مسیح کا ہوں اور وہ میرے دل میں سکونت کے لئے آیا ہے، میں اپنے دل کی بُری خواہشات پر فتح پا رہا ہوں۔ چونکہ اَب خداوند یسوع میرے دل میں آ چکا ہے، اس لئے میں گناہ آلودہ دل کی تابعداری سے آزاد ہو چکا ہوں۔

میں اپنی زندگی میں ایک نئی قوت کا تجربہ کر رہا ہوں، میں گناہ پر فتح کا تجربہ کر رہا ہوں۔ میں اِس بات کو دریافت کر رہا ہوں کہ وہ فطری نفرت، تلخی اور کڑواہٹ جو میرے دل پر راج کرتی تھی اَب میں اُس پر مسیح کی محبت سے فتح پا رہا ہوں۔ جی ہاں، خدا میری گناہ آلودہ فطرت سے کہیں بڑا ہے! جب دشمن مجھے ملامت کرتا ہے اور میرے گناہ آلودہ دل کی طرف انگلی اٹھاتا ہے، تو میں اُسے بتا سکتا ہوں کہ اگرچہ یہی میری فطرت

اور میلان ہے، لیکن اَب میں اِس کا غلام نہیں ہوں۔ خدا مجھے ایک نئی زندگی بسر کرنے کی توفیق دیتا ہے۔ جب آپ کا دل آپ کو ملامت کرے تو اس پر نگاہ کریں جو آپ کے دل سے بڑا ہے۔

20ویں آیت میں یوحنا رسول ہمیں یہ بات یاد دلاتا ہے کہ خدا سب کچھ جانتا ہے۔ خدا ہمارے دلوں سے واقف ہے۔ اُسے معلوم ہے کہ ہم کس قدر گناہ گار ہیں۔ ہماری مضبوطی اور طاقت کی ضرورت سے بھی وہ بلاشبہ آگاہ ہے۔ وہ اُن آزمائشوں سے بھی واقف ہے جن سے ہمیں نبرد آزما ہونا پڑتا ہے۔ ہماری زندگی کے وہ کونے اور گوشے جہاں ہمیں فتح کی ضرورت ہوتی ہے، سب کچھ اُس کے علم میں ہے۔ وہ ہم سے بھی بہتر طور پر ہمارے دلوں کو جانتا ہے۔ جو کچھ ہمارے دلوں میں ہوتا ہے، نہ صرف خدا اُسے جانتا ہے بلکہ وہ یہ بھی جانتا ہے کہ اِس کا کیا حل ہے اور اِس کے متعلق کیا کیا جانا چاہیئے۔ وہ ہمارے گناہ سے زیادہ زور آور ہے۔

خدا آپ سے اور آپ کی ضرورت سے واقف ہے۔ وہ آپ کی زندگی میں پوشیدہ گناہوں سے بھی واقف ہے جن پر آپ کو غالب آنے کی ضرورت ہے۔ اور وہ جانتا ہے کہ آپ کیسے یہ فتح حاصل کر سکتے ہیں۔ کوئی بھی ایسا اندرونی حساس زخم نہیں جس کے تعلق سے وہ نہیں جانتا کہ اُسے کس طرح اچھا کرنا ہے۔ کوئی بھی ایسا گناہ نہیں جس کے بارے میں اُس کو معلوم نہ ہو کہ اُس پر کس طرح فتح پانی ہے۔ اِسی وقت اُس کے پاس آپ کے دل کے ہر ایک مسئلہ کا حل موجود ہے۔ کیا آپ اُسے موقع نہیں دیں گے کہ وہ

آپ کو شفا دے؟ وہی ہے جو یہ جانتا ہے کہ کیسے اُس نے شفا کا کام کرنا ہے۔ وہی آپ کی واحد اُمید ہے۔

یوحنا رسول نے ہمیں بتایا ہے کہ خدا ہمارے دلوں سے زیادہ زور آور ہے۔ اُس نے ہمیں یہ بھی یاد دلایا ہے کہ وہ جانتا ہے کہ کیسے اُس نے ہمارے دل کے گناہوں اور زخموں کو اچھا کرنا ہے۔

یوحنا 22 ویں آیت میں ہمیں مزید بتا تا ہے کہ ہم جو کچھ خدا سے مانگیں وہ ہمیں دینا چاہتا ہے۔ یہ وعدہ کس قدر عظیم اور بیش قیمت ہے! ہمارے پاس خدا کا وعدہ ہے کہ جب ہمیں دل کے گناہوں کے ساتھ کشمکش کا سامنا ہوتو ہمیں صرف اور صرف اُسے پکارنے کی ضرورت ہے۔ وہ ہماری دُعاؤں کا جواب دے گا۔ تا ہم یہ ضروری ہے کہ ہم اِس بیان کو اِس کے سیاق و سباق کی روشنی میں دیکھیں۔

یوحنا کہتا ہے کہ ہم جو چاہیں مانگیں، وہ ہمیں مل جائے گا۔ لیکن اِس وعدہ کے ساتھ ایک شرط منسلک ہے۔ غور کریں کہ وہ بیان کرتا ہے کہ ہم جو چاہیں حاصل کر سکتے ہیں۔ "اور جو کچھ ہم مانگتے ہیں، وہ ہمیں اُس کی طرف سے ملتا ہے۔ کیوں کہ ہم اُس کے حکموں پر عمل کرتے ہیں۔ اور جو کچھ وہ پسند کرتا ہے اُسے بجا لاتے ہیں۔" (آیت 22)

یہ وعدہ اُن لوگوں کے لئے نہیں ہے جو مسیح سے باہر زندگی بسر کر رہے ہیں۔ یہ وعدہ اُن لوگوں کے لئے ہے جن کے دل اُنہیں ملامت نہیں کرتے۔

یہ کیسے ممکن ہے کہ ہمارا دل ہمیں ملامت نہ کرے؟ یہ اُسی صورت میں ممکن ہوسکتا ہے جب ہم خدا کو اپنے گناہ آلودہ دل پر غالب آنے اور اُن پر راج کرنے کا موقع دیں گے۔ ہمارا دل ہمیں اُس وقت ملامت نہ کرسکیں گے

جب ہم خدا کے کلام کی مطابق زندگی بسر کریں گے اور وہی کریں گے جو اُس کی خوشنودی اور رضا ہے۔ حتیٰ کہ جب میں گناہ میں گروں تو اُس گناہ کو مسیح کی صلیب کے پاس لانے کی صورت میں بھی میرا دل مجھے ملامت نہیں کرسکتا۔ صلیب میں کامل معافی اور صفائی ہے۔

یوحنا رسول ہمیں اِسی معافی اور صفائی میں زندگی بسر کرنے کی تعلیم دے رہا ہے۔ میں اور آپ جو چاہیں مانگ سکتے ہیں اور وہ ہمیں مل جائے گا۔ لیکن یہ اُسی صورت میں ہوگا جب میں اُسے اپنی زندگی پر راج کرنے کا موقع دوں گا جو کہ میرے دل سے بڑا ہے۔ تا کہ میں اُس وعدہ کا دعویٰ کرسکوں۔

یہ اُسی صورت میں ہوگا جب میرا دل یسوع نے فتح کر لیا ہو۔ اور میں اپنے گناہ اور دل کی رغبتوں اور خواہشوں کے اعتبار سے مر چکا ہوں۔ تا کہ میں اُس کے نام سے کچھ بھی مانگنے کی خوشی کے تجربہ کو حاصل کرسکوں۔

جب اُس کی خواہشات میری تمنا بن جائیں گی۔ اور اُس کا روح مجھے فتح کر چکے گا۔ تب میں اُس سے جو چاہوں مانگ بھی سکوں گا اور وہ میرے لئے ہو جائے گا۔

آپ کو کیسے معلوم ہوسکتا ہے کہ بطور ایک حقیقی ایماندار آپ خداوند یسوع مسیح کی رفاقت

میں چل رہے ہیں؟ یوحنا رسول آپ کو اپنے دل کے اندرونی حصوں کو جانچنے اور پرکھنے کے لئے اُبھار رہا ہے۔

جب آپ اپنے دل کا گہرے طور پر جائزہ لیتے ہیں، تو کیا آپ اُسے دیکھتے ہیں جو آپ کے دل سے کہیں زیادہ زورآور ہے؟ کیا آپ کو روحانی فتح کا کوئی ثبوت ملتا ہے؟ کیا اِس بات کا کوئی ثبوت دیکھنے کو ملتا ہے کہ آپ کے پرانے، پُرفریب دل پر فتح پائی جا چکی ہے؟ کسی کی زندگی آپ کی رگ و ریشے میں کام کرتی ہے۔

کیا یہ ابھی تک گناہ آلودہ دل والی پرانی زندگی ہے یا پھر اُس کی نئی زندگی ہے جس نے آپ کے دل پر فتح پائی ہے؟

آپ کو معلوم ہے کہ آپ ایک مسیحی ہیں کیوں کہ آپ کی خواہشات اور تمنائیں یکسر تبدیل ہو چکی ہیں۔ فی الواقع آپ کے دل پر فتح پا لی گئی ہے اور آپ کو ایک نیا دل دے دیا گیا ہے!

چند ایک غور طلب باتیں

☆۔کیا آپ کی زندگی میں تبدیل شدہ دل کے شواہد موجود ہیں؟ اگر ہیں تو کون سے؟

☆۔کیا خدا نے آپ کے گناہ معاف کر دیئے ہیں؟ آپ کیسے یہ بات جانتے ہیں؟

☆۔جب سے خداوند یسوع مسیح کے ساتھ آپ کی جان پہچان ہوئی ہے اُس وقت سے اَب تک آپ کے دل میں کون سی خاص تبدیلیاں واقع ہوئی ہیں؟

☆۔اُس کے نام سے کچھ مانگنے اور پانے کی کیا شرائط ہیں؟

☆۔آپ کو اِس حقیقت سے کیا تسلی ملتی ہے کہ خدا آپ کے دل سے کہیں بڑا ہے؟

دُعائیہ نکات

☆۔خداوند کے حضور اُس خوبصورت طریقہ کار کے لئے اُس کی شکرگزاری کریں جس سے اُس نے آپ کے لئے معافی کا انتظام کیا ہے۔

☆۔خداوند کی اُس صاف دل کے لئے شکرگزاری کریں جو آپ کو دیا گیا ہے۔

☆۔اِس بات کے لئے بھی خداوند کی شکرگزاری کریں کہ کوئی بھی ایسا گناہ نہیں جس پر وہ آپ کو فتح نہیں بخشے گا۔

☆۔چند لمحات کیلئے کسی دوست یا اپنے عزیز کے لئے دُعا کریں جس کو ابھی تک دل کی تبدیلی کا تجربہ نہیں ہوا۔

کیا آپ کی زندگی میں کوئی ایسا خاص گناہ ہے جس پر آپ کو فتح پانے کی ضرورت ہے؟ خداوند سے درخواست کریں کہ وہ آپ کو کامل فتح بخشے۔

رفاقت کی چوتھی کسوٹی ۔ روح

1یوحنا 4:1-6 پڑھیں

ہم کیسے جان سکتے ہیں کہ خدا کے فرزند ہوتے ہوئے ہم نور کی رفاقت میں چل رہے ہیں؟ یوحنا رسول نے راستبازی، محبت اور دل کی تبدیلی کی پرکھ ہمارے سامنے رکھی ہیں۔ چوتھی کسوٹی روح کی پرکھ ہے۔

یوحنا رسول ہمیں کہتا ہے کہ ہر ایک روح کو آزمائیں کہ وہ خدا کی طرف سے ہے یا نہیں۔ (آیت 1) جب یوحنا روح کی بات کر رہا ہے تو وہ کس چیز کی طرف اشارہ کر رہا ہے۔ لفظ "روح" کے بائبل مقدس میں بہت سے معانی ہیں۔ اِس سے مراد وہ سانس بھی ہے جو ہم لیتے ہیں۔ روحانی رُخ میں، اِس سے مراد روح القدس یا بدروح بھی ہو سکتی ہے۔ اِس سے بڑھ کر، اِس کا مطلب یہ بھی ہے کہ انسان کو سوچنے سمجھنے اور عقل سے بات چیت کرنے کی صلاحیت بھی دی گئی ہے۔ مزید یہ کہ انسان کی زندگی کا یہ حصہ ہے کہ وہ مافوق الفطرت خدا سے بات چیت کر سکے۔

مذکورہ حوالہ میں یوحنا رسول چھار واح کا ذکر کرتا ہے۔

1۔ خدا کا روح (آیت 2)

2۔ وہ روح جو مسیح کا اقرار کرتی ہے (آیت 2)

3۔وہ روح جو مسیح کا اقرار نہیں کرتی (آیت3)

4۔مخالفِ مسیح کی روح (آیت3)

5۔سچائی کا روح (آیت6)

6۔گمراہی کا روح (آیت6)

اِس بات کو سمجھنے کے لئے کہ یوحنا کس چیز کے بارے بات کر رہا ہے۔،ہمیں اُن تمام ارواح کا جائزہ لینا ہوگا۔ یوں لگتا ہے کہ''خدا کا روح''(آیت2) یہاں پر روح القدس کی طرف اشارہ ہے۔وہ روح جو مسیح کا اقرار کرتی ہے۔(آیت2) اِس سے مراد اُس شخص کا دل ہے جو خداوند یسوع مسیح اور اُس کے دعوؤں کو قبول کرتا ہے۔

''روح جو مسیح کا اقرار نہیں کرتی''(آیت2) اس سے مراد اُس شخص کا دل ہے جو مسیح کو رد کرتا ہے اور مسیح کا اقرار نہیں کرتا۔

''مخالف مسیح کی روح''(آیت3) اِس سے مراد ہمارے دور میں شیطان کی روح کے تسلط میں بحث وتکرار کرنے والی روح ہے جو مسیح اور اُس کے دعووں کو رد کرتی ہے۔

'' حق کی روح''(آیت6) سے مراد سچائی کی تعلیمات ہیں۔جو خدا کی روح کی طرف سے دی جاتی ہیں۔''گمراہی کا روح''6 آیت میں اِس سے مراد گمراہی کی وہ تعلیمات ہیں جو مخالف مسیح یا شیطان کی طرف سے دی جاتی ہیں۔

یہ سب کچھ بیان کرنے کے بعد، اَب اِس بات کا جائزہ لیں کہ یوحنا ہمیں اُن ارواح کے بارے میں کیا کہتا ہے۔وہ ہمیں یہ بات یاد دلانے سے آغاز کرتا ہے کہ تمام ارواح

اچھی نہیں ہوتیں۔ اِس سلسلہ میں ''مخالفِ مسیح'' اور ''گمراہی کی روح'' کی مثالیں نمایاں طور پر ہمارے سامنے ہیں۔ حتیٰ کے یوحنا کے دَور میں بھی بہت سے جھوٹے نبی تھے جو ''دنیا میں نکل کھڑے ہوئے تھے۔'' (آیت 1)

یہ جھوٹے نبی شیطان کے ہاتھوں میں ایک آلہ کار بنے ہوئے تھے۔ تا کہ لوگوں کی توجہ خدا کے کلام کی سچائی سے ہٹا دیں۔ اگر آپ نے کبھی کسی دَور میں باغ لگایا ہو تو پھر آپ کو غیر ضروری جڑی بوٹیوں کے تلف کرنے کے مسئلہ کا علم ہوگا۔ آپ کے باغ میں غیر ضروری جڑی بوٹیاں پھولوں یا سبزیوں کے پودوں کو دبا دیتی ہیں۔ یہ غیر ضروری جڑی بوٹیاں بڑی تیزی سے اُگتی اور مٹی سے غذائیت بخش اجزا لے لیتی ہیں۔

باغبان کو اِس بات کا علم ہوتا ہے کہ اگر اُس نے موسم گرما کے اختتام پر اچھی فصل لینی ہے تو پھر اُسے اُن غیر ضروری جڑی بوٹیوں کو تلف کرنا ہوگا۔ ایک اہم کام جو ایک باغبان کے ذمہ ہوتا ہے وہ یہ ہے کہ اُسے اصل سبزی اور غیر ضروری جڑی بوٹیوں میں امتیاز کرنا ہوتا ہے۔

یوحنا ہمیں یہ بتا رہا ہے کہ یہ دُنیا بھی ایک باغ کی مانند ہے۔ سچائی کے پودے بھی اِسی زمین پر اُگتے ہیں جہاں پر گمراہی اور جھوٹ کی غیر ضروری جڑی بوٹیاں اگتی ہیں۔ ہمیں کیسے معلوم ہوگا کہ کون سی بات خدا اور کون سی بات مخالفِ مسیح کی طرف سے ہے؟ کلامِ مقدس کے اِس حصہ میں یوحنا ہمیں کچھ ہدایات دیتا ہے۔

اول۔ ''خدا کے روح کو تم اِس طرح پہچان سکتے ہو کہ جو کوئی روح اقرار کرے کہ یسوع

مسیح مجسم ہو کر آیا ہے وہ خدا کی طرف سے ہے۔" (آیت 2) "یسوع کے مجسم ہونے کا اقرار" کرنے سے کیا مراد ہے؟ ایک بنیادی سطح پر اِس کا معنی ہے کہ ہم اِس بات پر ایمان رکھتے ہیں کہ یسوع خدا کا بیٹا ہے جو بطور انسان ہمارے درمیان رہنے کے لئے آیا۔ اُس نے انسان کی شکل اختیار کی (اگرچہ وہ خدا تھا) اور ہمارے درمیان رہا۔ وہ ہمارے گناہوں کے لئے مر گیا اور پھر مُردوں میں سے زندہ ہوا اور اَب عالمِ بالا پر اپنے آسمانی باپ کے ساتھ رہتا ہے۔

اِس بات پر ایمان رکھنا کہ وہ اس زمین پر چلتا پھرتا رہا اِس سے بھی بڑھ کر یہ ہے کہ ہم "یسوع کے مجسم ہونے" کا اقرار کریں۔ ہماری زندگی کیلئے کچھ عملی اطلاقات بھی ہیں۔ خداوند یسوع مسیح ہمیں شیطان کے جبڑے اور گناہ کے تسلط سے چھڑانے کے لئے اِس دُنیا میں آیا۔ وہ اِس لئے آیا کہ ہم گناہ گار ہیں اور خدا کے بغیر ابدیت میں سزا کے مستحق۔

وہ شیطان کا سر کچلنے کے لئے آیا۔ اِس بات کا اقرار کرنا کہ "یسوع مجسم ہو کر آیا" ہم سے ایک ردِعمل کا تقاضا کرتا ہے۔ خداوند کا اقرار کرنا اِس بات کو تسلیم کرنا ہے کہ اگر وہ میرے لئے مر گیا تو پھر کوئی ایسی بڑی قربانی نہیں ہے جو میں اُس کے لئے گزران سکوں۔ یسوع کا اقرار کرنا اپنے آپ کو اُس کے تابع کرنا، اور اِس بڑی اور عظیم قربانی کے بدلے جو اُس نے میرے لئے دی، اپنی زندگی کو اُس کے حضور پیش کر دینا ہے۔

کیا آپ میں سکونت پذیر خدا کا روح آپ کو اِس بات کے لئے قائل کرتا ہے کہ آپ

خداوند یسوع مسیح کے اُس بڑے کام کو سراہتے ہوئے اُس کی بڑی شکرگزاری کریں جو اُس نے آپ کی خاطر سرانجام دیا ہے؟ کیا اِس بات سے آپ کے حوصلے بلند ہوتے ہیں کہ آپ اُس بڑی قربانی کے بدلہ میں اپنا سب کچھ اُس کے تابع کر دیں؟

اگر ایسا ہے، تو پھر واقعی خدا کا روح آپ میں بسا ہوا ہے۔ اگر صورتحال اِس سے مختلف ہے تو آپ مخالفِ مسیح کے تسلط میں ہیں۔ (آیت 3)

کسی روح کو پرکھنے کا دوسرا طریقہ چوتھی آیت میں ہمیں ملتا ہے۔ یوحنا رسول ہمیں بتا رہا ہے کہ اگر ہم اِس دُنیا کی روح پر غالب آ جائیں تو ہم جان سکتے ہیں کہ ہم میں موجود روح خدا کی طرف سے ہے۔ جیسا کہ ہم پہلے ہی دیکھ چکے ہیں، یہ دُنیا گمراہی اور جھوٹ وفریب سے بھری ہوئی ہے۔

مخالفِ مسیح کی روح زندگی کے ہر ایک پہلو میں سرایت کر چکی ہے۔ تفریح طبع پروگراموں اور ٹیلی ویژن سے لے کر تعلیم اور تفریح، ہر جگہ مخالف مسیح کی روح نمایاں طور پر دیکھی جا سکتی ہے۔ یہ ایسی زندگی کو فروغ دیتی ہے جو خدا کے بغیر ہو۔ یہ انسان کو کائنات کے تخت پر بٹھا کر اُسے دیوتا بنا دیتی ہے۔ مخالفِ مسیح کی روح ہمیں اِس دُنیا کے عیش و آرام اور جائیداد و املاک اور دیگر مادی چیزوں کو ہر ممکنہ حد تک حاصل کرنے کی دوڑ میں لگا دیتی ہے۔

یہ ہمیں دعوت دیتی ہے کہ ہم ہر طرح کی پابندی، قدغن اور بندش کو دُور کرتے ہوئے اپنی من مانی کریں۔ یہ ہمیں بتاتی ہے کہ خدا کے آئین و احکام تو خوشگوار اور پرلطف زندگی

گزارنے میں ایک بہت بڑی رکاوٹ ہیں۔ بہت سے لوگ اِس پھندے میں پھنس چکے ہیں۔

ہمارا فطری رجحان و میلان دشمن کی آزمائشوں کے پھندے میں پھنسنا ہے۔تاہم ایماندار کے دل میں ایک قوت بسی ہوئی ہے جومخالفِ مسیح کی روح سے کہیں بڑھ کرزور آور ہے۔ایماندار میں سکونت پذیر روح اُس روح پر غالب آتی ہے جو اِس دُنیا میں ہے۔اگرآپ اِس دُنیا کی روح، اِس دُنیا کی خواہشات اور اِس دُنیا کی آزمائشوں پرفتح کا تجربہ کررہے ہیں،تو پھرآپ کو اِس بات کی یقین دہانی ہوسکتی ہے کہ آپ میں بسنے والا روح خدا کا روح ہے۔

خداوند یسوع مسیح متی رسول کی معرفت لکھی گئی انجیل میں فریسیوں کو یاد دلاتے ہیں کہ جس بادشاہی میں پھوٹ پڑتی ہے وہ قائم نہیں رہتی۔

''جس بادشاہی میں پھوٹ پڑتی ہے وہ ویران ہوجاتی ہےاور جس شہر یا گھر میں پھوٹ پڑے گی وہ قائم نہ رہے گااور اگر شیطان ہی نے شیطان کونکالاتو وہ آپ اپنا مخالف ہو گیا۔پھراُس کی بادشاہی کیوں کرقائم رہے گی۔'' ﴿متی 25:12﴾

اِس دُنیا کی روح خدا کے روح کے ساتھ لڑائی رکھتی ہے۔اگرہم اِس بات کو دریافت کریں کہ ہمارے اندر بسا ہوا روح ہماری زندگی میں موجود اِس دُنیا کے اثر کوختم کر رہاہے،تو پھرہم یہ سمجھ سکتے ہیں کہ ہم میں جوروح کام کررہاہے وہ خدا کا روح ہے۔خدا کے روح کی یہ بھی ایک صفت ہے۔وہ ہمیں خدا کی صورت پرڈھالتااور بناتا ہے۔جب

روح القدس ہمارے دلوں میں بستا ہے، تو پھر ہماری زندگی میں نئی سوچوں، خواہشات اور اُمنگیں جنم لیتی ہیں۔

ہماری زندگی میں اِس دُنیا کیلئے کوئی کشش نہیں رہتی۔ خدا کی باتیں اور منصوبے ہماری زندگی میں ایک نیا مفہوم ومعنی لے لیتے ہیں۔ جب ہمارے دل خدا کے روح کا مسکن بن جاتے ہیں، تو پھر ہمیں اِس دُنیا کی چیزوں پر فتح کا تجربہ حاصل ہونا شروع ہو جاتا ہے۔

یوحنا 6 آیت میں ہمیں لوگوں میں موجود روح کو پرکھنے کے لئے ایک تیسرا طریقہ بتا رہا ہے۔ اگر لوگ خدا کے فرزند ہیں، تو پھر وہ ایک استاد کی طرف سے اچھی تعلیم کو قبول کریں گے۔ یوحنا رسول کہتا ہے" جو خدا کو جانتا ہے وہ ہماری سنتا ہے۔" خدا کا روح ایمانداروں کو توفیق دیتا ہے کہ وہ سچائی کو پہچانیں۔ وہ جو خدا کو نہیں جانتے وہ رسولوں کی تعلیم کو قبول نہیں کر سکتے۔ اُن کے کان خدا کے کلام کے لئے بند ہوتے ہیں۔ اور خدا کا کلام اُن کی سمجھ سے بالاتر ہوتا ہے۔

ممکن ہے کہ وہ بائبل مقدس پڑھتے ہوں لیکن اُنہیں اسکی کوئی سمجھ نہ لگتی ہو۔ حتیٰ کہ جب سچائی کی وضاحت بھی کی جاتی ہے تو پھر بھی وہ اُسے سمجھنے سے قاصر ہوتے ہیں۔ وہ جو دُنیا کے ہیں، دُنیا کی باتوں کو ہی سمجھ سکتے ہیں۔

لیکن وہ لوگ جو خدا کے ہوتے ہیں، وہ سچائی کو سن کر قبول کرنے کی توفیق رکھتے ہیں۔ خدا کے روح کے ہم میں بسنے سے قبل، ہم درست تعلیم کو سننے، سمجھنے اور قبول کرنے سے قاصر

تھے۔اَب ہم جانتے ہیں کہ خدا کوئی وہم وگمان نہیں بلکہ اُس کا وجود ایک مسلمہ حقیقت ہے۔ وہ ہماری روحوں میں بسا ہوا ہے اور ہم سے کلام بھی کرتا ہے۔

اَب ہمیں روحانی باتوں کا ایسا فہم حاصل ہو گیا ہے جو اِس سے پہلے کبھی حاصل نہ تھا۔ جب خدا ہم سے کلام کے وسیلہ سے بولتا ہے تو ہمیں اُس کی آواز سننا اچھا لگتا ہے۔ جب ہمیں راہنمائی کی ضرورت ہوتی ہے کہ ہم نے کس راہ پر جانا ہے تو وہ ہمارا راہنما بن جاتا ہے۔

جب ہم بے دل ہو جاتے ہیں تو پھر وہ ہماری ڈھارس بندھاتا اور تسلی کی باتیں کرتا ہے۔ جب ہم غلط راہ پر چلے جاتے ہیں تو پھر ہمیں قائل کرتا ہے۔ وہ اَب کسی بھی دوست سے زیادہ ہمارا قریبی دوست بن چکا ہے۔ اُس کی آواز ہماری خوشنودی ہے۔ آج ہم کہہ سکتے ہیں کہ وہ ہمارا دوست بھی ہے اور خدا بھی۔

مردِ خدا موسیٰ کی طرح ہم اُس سے ایسے باتیں کرتے ہیں جیسے ایک دوست دوسرے دوست سے باتیں کرتا ہے۔ کیا آپ میں سکونت پذیر روح آپ کو خداوند خدا کے ساتھ اور بھی زیادہ گہرے طور پر چلنے کی توفیق دیتا ہے؟

اگر ایسا ہے تو آپ یقینی طور پر جان سکتے ہیں کہ یہ خدا کا روح ہی ہے جو آپ میں بسا ہوا ہے۔ مخالفِ مسیح کی روح تو کبھی بھی آپ کو مسیح کے ساتھ گہری قربت میں لے کر نہیں جائے گی۔

ہم حق کے روح اور گمراہی کی روح میں فرق کو کیسے پہچان سکتے ہیں؟ ہمیں کیسے معلوم ہو گا

کہ کون سا روح ہم میں، ہماری کلیسیا اور ہمارے لوگوں میں بسا ہوا ہے؟ ہم کسی بھی روح کا اِن تین سوالات کی روشنی میں جائزہ لے سکتے ہیں۔

اول۔ کیا ہماری روح اِس بات کا اقرار کرتی ہے کہ یسوع مجسم ہو کر آیا اور پھر بڑی فروتنی سے اپنا سب کچھ اُس کے تابع کرتی ہے؟

دوئم۔ کیا ہم میں موجود روح اِس دُنیا میں موجود مخالف مسیح کی روح پر غالب آ رہی ہے؟

سوئم۔ کیا ہم میں موجود روح ہمارے ذہنوں کو کھول رہا ہے کہ تاکہ ہم اور بھی زیادہ گہرے طور پر خداوند کے ساتھ چل سکیں؟ صرف اِن سوالات کے جوابات ہاں کی صورت میں دینے سے ہی ہم یقینی طور پر کہہ سکتے ہیں کہ فی الواقع خدا کا روح ہم میں بسا ہوا ہے۔

اپنے اندر بسنے والی روح کا جائزہ لینے سے ہی آپ کو معلوم ہو گا کہ آپ نور کی رفاقت میں زندگی بسر کر رہے ہیں۔ اگر آپ میں بسنے والا روح خدا کے روح ساتھ ہم آہنگ ہے، تو پھر آپ جان سکتے ہیں کہ آپ کی نور کے ساتھ رفاقت ہے اور آپ سچائی پر قائم ہیں۔

چند ایک غور طلب باتیں

☆۔ یوحنا رسول یہاں ہمارے سامنے کون سی کسوٹیاں رکھ رہا ہے جس سے ہمیں اِس بات کی تصدیق ہوسکتی ہے کہ ہم میں بسنے والا روح واقعی خدا کا روح ہے؟

☆۔ اپنے دل کا جائزہ لینے کیلئے کچھ وقت گزاریں۔ آپ میں بسنے والی روح کے تعلق سے یہ کسوٹیاں آپ پر کیا منکشف کرتی ہیں؟

☆۔ اِن تمام کسوٹیوں کا اطلاق اپنی کلیسیا پر کریں اور اِس بات کا بھی جائزہ لیں کہ اِس وقت کیا ہو رہا ہے۔ کیا یہ کسوٹیاں آپ کی کلیسیا کے تعلق سے بھی آپ پر کوئی چیز ظاہر کرتی ہیں؟

دُعائیہ نکات

☆۔ خداوند کے حضور شکر گزاری کریں کہ اُس نے اپنا پاک روح آپ میں رکھا ہوا ہے۔

☆۔ خداوند سے کہیں کہ وہ آپ کو زیادہ سے زیادہ اپنے پاک روح سے معمور کرے۔

☆۔ خداوند سے دُعا کریں کہ آپ کی زندگی سے ہر ایک دنیاوی اثر و تاثیر کو ختم کر دے۔

☆۔ اپنی کلیسیا کیلئے کچھ دیر دُعا کریں اور خداوند سے درخواست کریں کہ وہ مخالف مسیح کی روح کو کلیسیا سے دور کرے۔ اپنے معاشرے اور علاقے کے لئے بھی ایسی ہی دُعا کریں۔

مجھ میں خدا کی محبت

1 یوحنا4:7-21 پڑھیں

حقیقی ایمان کا ایک امتیازی نشان محبت ہے۔ یوحنا ایماندار کی زندگی میں محبت کی اہمیت کے بارے میں بات کرتا ہے۔ یوحنا کی انجیل میں وہ ہمیں یاد دلاتا ہے کہ اگر ہم ایک دوسرے سے محبت رکھیں گے تو دوسرے جانیں کہ ہم یسوع پر ایمان رکھنے والے لوگ ہیں۔(یوحنا15:35)

اِس وقت ہم بڑی تفصیل سے محبت کی اِس علامت کی اہمیت کا بغور جائزہ لیں گے۔ یوحنا رسول اِن آیات میں ہمیں دوبارہ یاد دلاتا ہے کہ خدا محبت ہے۔ (دیکھیں آیت 8 اور 16)

یہی بات اِس دلیل کی بنیاد بنتی ہے۔ یوحنا رسول صرف یہ بیان نہیں کر رہا کہ خدا صرف محبت ہے۔ خدا قادرِ مطلق، علیم الخبیر اور قدوس بھی ہے۔ خدا کی اور بھی بہت سی الٰہی صفات بھی ہیں۔ اِس عبارت میں یوحنا کیوں محبت کے پہلو پر زور دے رہا ہے؟ کیا یہ اِس لئے ایسا ہے کہ وہ محبت کو خدا اور انسان کے درمیان ایک رابطے کے طور پر دیکھتا ہے۔خدا پاک جبکہ ہم گناہ گار ہیں۔اُس کی قدوسیت کے باعث خدا اور انسان میں کبھی نہ پر ہونے والا ایک خلا موجود ہے۔خدا ابدی اور لامحدود ہے۔ جبکہ ہم مخلوق ہوتے

ہوئے وقت اور معیادوں تک محدود ہیں۔ ہماری سمجھ بوجھ بھی بہت محدود ہے۔
گناہ گار مرد و زن ہوتے ہوئے، ہمارا خدا کے ساتھ واحد رابطہ محبت ہے۔ اگر ہم خدا کی الٰہی صفات کی فہرست میں سے محبت کو ختم کر دیں، تو ہم ہمیشہ کے لئے خدا سے دور ہو جائیں گے۔ اُس کا عدل و انصاف ناگزیر طور پر ہم پر غالب آ جاتا اور ہم ابدی سزا کے مستحق ٹھہرتے۔ یہ سب محبت کے سبب سے ہے کہ اَب ہم خدا کے ساتھ ایک رشتہ رکھتے ہیں۔ محبت ہی کے سبب سے معافی کا حصول ممکن ہے۔
اس نکتہٗ آغاز ہی سے، یوحنا ہمیں یہ بتانا جاری رکھتا ہے کہ خدا محبت ہے بلکہ وہ محبت کا سرچشمہ ہے۔ جہاں خدا ہوتا ہے وہاں محبت کا راج ہوتا ہے۔ جب خدا ہمارے دلوں میں بستا ہے، ہماری زندگی محبت سے بھرپور اور معمور ہوتی ہیں۔ خدا کا راج محبت کا راج ہے۔ وہ محبت ہے اور محبت کا سرچشمہ بھی۔
اگر ہم محبت نہیں رکھتے تو اِس کا مطلب ہے کہ ہم اپنی زندگی میں خدا کی حضوری کو جانتے بھی نہیں۔ یوحنا رسول 12 آیت میں ہمیں یاد دلاتا ہے کہ اگرچہ ہم میں سے کبھی بھی کسی نے خدا کو نہیں دیکھا۔ ہم محبت کے وسیلہ سے خدا کو جان سکتے ہیں ہماری زندگی میں محبت خدا کی حضوری کا ثبوت ہے۔
ہوسکتا ہے کہ یہاں پر یہ سوال پیدا ہو، کیا کوئی شخص خدا کے بغیر کسی دوسرے شخص کو پیار کر سکتا ہے؟ اِس سوال کا جواب دینے کیلئے ہمیں اس بات کو سمجھنے کی ضرورت ہے کہ محبت سے یوحنا کی کیا مراد ہے۔ اِس بات کی وضاحت کے لئے یوحنا ہماری توجہ خداوند یسوع

مسیح کی طرف مرکوز کرتا ہے۔ 19 آیت میں یوحنا کہتا ہے کہ ہم اِس لئے خدا سے محبت کر سکتے ہیں کیوں کہ پہلے اُس نے ہم سے محبت رکھی۔ خدا نے کیسے اپنی محبت کو ہم پر ظاہر کیا؟ آیات 9-10 ہمیں بتاتی ہیں کہ خدا نے اپنے بیٹے، یسوع کو بھیج کر اپنی محبت کو ہم پر ظاہر کیا۔ تاکہ وہ ہمارے گناہوں کے بدلے صلیب پر اپنی جان قربان کرے۔ خدا نے اپنے بیٹے کو ہمارے لئے قربان ہونے کے لئے بھیج کر ظاہر کیا کہ محبت کا کیا معنی ہے۔

دوسروں سے محبت کرنے کا معنی یہ ہے کہ آپ دوسروں کے لئے اپنی جان قربان کریں۔ دوسروں سے محبت کرنے کا مطلب ہے کہ آپ دوسروں کی فلاح و بہبود اور بھلائی کو اپنی خودغرضانہ خواہشات پر ترجیح دیں۔ حقیقی مسیحی محبت دوست اور دشمن میں امتیاز نہیں کرتی۔ مسیح اُن کیلئے قربان ہونے کے لئے آیا جو اُس سے نفرت کرتے تھے۔ یسوع نے اپنے دشمنوں کو نجات دینے کیلئے اپنی جان قربان کر دی۔

آئیں اپنے سوال کی طرف توجہ مرکوز کریں۔ کیا کوئی مرد یا عورت خدا کے بغیر دوسروں سے محبت کر سکتا ہے؟ میں شخصی طور پر اِس سوال کا جواب دینا چاہوں گا۔ جب میں اپنے دل کی گہرائیوں میں دیکھتا ہوں، تو مجھے یاد آتا ہے کہ میں کس قدر خودغرض ہوں۔ میرے دل میں جو تھوڑی بہت محبت ہوگی وہ بھی خودغرضی پر مبنی ہوگی۔ میں صرف اِسی صورت میں محبت کرنا پسند کروں گا کہ مجھ سے بھی اِس محبت کے بدلہ میں محبت کی جائے۔ میں صرف حاصل کرنے کی توقع کے ساتھ ہی دینا پسند کروں گا۔

میں عزت پانے کی توقع کی ساتھ ہی دوسروں کی عزت کروں گا۔ میں فطرتی طور پر اپنے دشمنوں سے محبت نہیں کروں گا۔

دوسروں کے ساتھ میرے بہترین تعلقات بھی اِس قدر نازک ہوں گے کہ کسی وقت بھی اُن میں دراڑ پیدا ہو سکتی ہے۔ دوسروں کے ساتھ محبت کے تعلقات ایک قائلیت کا معاملہ ہو نگے۔ اگر مجھے مناسب معلوم ہوگا تو میں دوسروں سے محبت کروں گا اور اپنے فائدے کی خاطر کی کوئی کام کروں گا۔

جب میں لوگوں کو بے لوث محبت کے ساتھ دوسروں سے پیش آتے ہوئے دیکھتا ہوں تو میرا اِس بات پر ایمان ہوتا ہے کہ میں واقعی خدا کے ہاتھ کو دیکھ رہا ہوں۔ کیوں کہ میں جانتا ہوں کہ انسانی فطرت بہت بُری ہے۔ میرا ایمان ہے کہ جب کوئی (ایماندار یا غیر ایماندار) بے لوث محبت کا اظہار کرتا ہے، تو خدا ہی اُسے ایسا کرنے کی توفیق دیتا ہے۔

میرا ایمان ہے کہ بے لوث محبت کا کوئی بھی ثبوت، میرے معاشرے میں خدا کی پُرفضل حضوری کا ثبوت ہے۔

میں اپنے آپ سے یہ سوال پوچھتا ہوں، اگر خدا ہمارے معاشرے سے اپنی حضوری کو اُٹھا لے تو ہم کہاں ہوں گے؟ ہمارے معاشرے میں قتل و غارت اور اسقاطِ حمل جیسے گھنونے کام عروج پر پہنچ جائیں گے۔ ہمیں اپنے ساتھ بسنے والے لوگوں کی جائیداد و املاک اور اُن کی عزت اور احترام کا خیال تو کبھی بھولے سے بھی نہیں آئے گا۔ زنا بالجبر اور دیگر جنسی بے راہ روّی کے واقعات بھی معمول کی بات بن جائیں گے۔

ہر طرف خود غرضی کا دور دورہ ہوگا۔ طلاق کی شرح بھی خطرناک حد تک بڑھ جائے گی۔ ازدواج جیسا مقدس رشتہ پامال ہو جائے گا۔ شادی شدہ جوڑے بھی ایک دوسرے سے عہدِ وفا کئے بغیر ایک دوسرے کے ساتھ ناخوشگوار زندگی بسر کریں گے۔ کیا ہمارے معاشرے کی حالت اِس بات کی طرف اشارہ تو نہیں کہ خدا ہم سے اپنی حضوری کو دور کر رہا ہے؟ خدا محبت کا سر چشمہ ہے۔

جہاں خدا نہیں وہاں کسی طرح کی کوئی محبت نہیں ہوگی۔ حتیٰ کہ غیر ایماندار بھی خدا کی محبت کا تجربہ کر سکتے ہیں۔ کیوں کہ خدا کی حضوری اُن کے درمیان موجود ہے۔ وگرنہ اُن کی محبت خود غرض اور اپنی ذات تک محدود ہوگی۔

بطور ایماندار ہم خدا کی محبت کے بارے میں پر یقین ہو سکتے ہیں کیوں کہ خدا نے ہمیں اپنا پاک روح دیا ہے۔ (آیت 13)

خدا نے ہمیں اپنا پاک روح کیوں دیا ہے؟ روح القدس ہمیں اِس لئے دیا گیا ہے تا کہ وہ ہماری راہنمائی خداوند یسوع مسیح کی طرف کرے جو کہ ہمارے لئے خدا کی محبت کا ایک دیدنی ظہور ہے۔

ہم اپنی زندگی میں روح القدس کے کام کی بدولت خدا کی محبت کا اقرار کر سکتے ہیں۔ (آیت 13-16) جب تک روح القدس لوگوں کو نہ چھوئے، وہ شخصی طور پر اپنے لئے خدا کی محبت کی عظمت کو کبھی سمجھ نہ پائیں گے۔ ایک ایماندار اور غیر ایماندار میں یہی ایک امتیازی فرق پایا جاتا ہے۔ ایمانداروں نے گناہ گاروں کے لئے خدا کی محبت کو سمجھ

کر اپنے دلوں کو اُس کی محبت کو قبول کرنے کے لئے کھول دیا ہے۔

یہ روح القدس کا کام ہے۔

یوحنا رسول ہمیں بتاتا ہے کہ جب ہم محبت میں زندگی بسر کرتے ہیں تو ہم خدا میں رہتے ہیں کیوں کہ خدا محبت ہے۔ یوحنا رسول ہمیں 17-18 آیات میں یاد دلاتا ہے کہ اگر ہم نے اپنے لئے واقعی خدا کی محبت کو سمجھ کر اُسے قبول کر لیا ہے، تو ہمیں روز عدالت بڑی دلیری حاصل ہوگی۔ ہم پر اعتماد ہو سکتے ہیں کیوں کہ اِس دُنیا میں ہم اُس کی مانند ہیں۔ (آیت 17) کس لحاظ سے یہ کہاں جا سکتا ہے کہ میں اِس دنیا میں مسیح کی مانند ہوں؟

جب میں نے خداوند یسوع مسیح کو قبول کیا، تو وہ میری زندگی میں راج کرنے کے لئے آیا۔ اُس کی محبت نے میری زندگی کو یکسر تبدیل کر دیا۔ میں اپنی زندگی میں اُس کی محبت کے راج کا تجربہ کر رہا ہوں۔ اَب میں بھی اپنے آپ کو دوسروں کے ساتھ ایسی محبت کرتے ہوئے دیکھتا ہوں جیسی مسیح نے اُن کے ساتھ محبت رکھی۔

جب میں دیکھتا ہوں کہ کس طرح میرا دل مسیح کی محبت سے تبدیل ہو گیا ہے تو مجھے اِس بات کا علم ہے کہ میں اُس کا ہو چکا ہوں۔ میں جانتا ہوں کہ وہ مجھ میں رہتا ہے۔ ''محبت خوف کو دور کر دیتی ہے'' ﴿آیت 18﴾

مسیح کی محبت نے ہمیں ہمارے تمام گناہ معاف کر دیئے ہیں۔ ماضی، حال اور مستقبل کے سبھی گناہ معاف ہو چکے ہیں۔ محبت میں وہ ہمارے لئے صلیب پر مصلوب ہونے

سے نہ جھجکا۔

ہمارے بڑے سے بڑے گناہ سے بھی اُس کی محبت کہیں زیادہ بڑی ہے۔اُس کی محبت نے ہمیں خدا کے تخت تک کامل رسائی بخشی ہے۔اَب کچھ بھی اور کرنے کی ضرورت باقی نہیں رہی۔اُس کی محبت نے سبھی کچھ کر دیا ہے۔اَب آپ کو اُس کی قبولیت کے متلاشی ہونے کی ضرورت نہیں۔

کیوں کہ آپ جیسے بھی ہیں اُس میں قبول کیئے جا چکے ہیں۔اَب آپ بغیر کسی خوف اور جھجک کے قدوس خدا کے قریب آ سکتے ہیں۔کیوں کہ آپ قبول کیئے جا چکے ہیں۔اُس کی محبت غیر مشروط ہے۔اُس کی محبت ایسی محبت ہے جو تاابد قائم رہتی ہے۔اِس محبت سے آپ کو کوئی جدا نہیں کر سکتا۔دلیری کے ساتھ اُس کے پاس آئیں۔وہ آپ کو رد نہیں کرے گا۔

حاصل کلام یہ ہے کہ یوحنا رسول ہمیں یاد دلاتا ہے کہ اگر ہم اپنے لئے خدا کی محبت کو سمجھ چکے ہیں،تو اِس کے بدلہ میں ہم اپنے بھائیوں اور بہنوں سے بھی محبت کریں گے۔(آیت 19-21)اگر آپ اپنے بھائی سے محبت نہیں کرتے،تو پھر آپ خدا سے بھی محبت نہیں کرتے،یہ کوئی ایسی چیز نہیں کہ آپ کو اپنی کوشش سے اپنے دل میں پیدا کرنا پڑے گی۔مسیح جب آپ کے دل پر راج کرتا ہوگا تو پھر اِس کا قدرتی نتیجہ اپنے بھائیوں اور بہنوں کیلیئے بے حد پیار کی صورت میں ہی نکلے گا۔

کیا آپ نے اپنی زندگی میں ایسی محبت کا تجربہ کیا ہے؟ کیا خدا کے روح نے آپ کو توفیق

دی ہے کہ آپ اپنے لئے خدا کی محبت کو سمجھتے ہوئے اُسے قبول کرلیں؟ کیا اُس کی محبت سے آپ کی محبت تبدیلی ہوئی ہے؟ کیا آپ اپنے دل میں اُس کی محبت کے حقیقی راج کا تجربہ کررہے ہیں؟ میری دُعا ہے کہ خدا کا روح آپ کو خدا کی محبت کا فہم عطا کرے اور آپ کی جان کو کثرت سے اُس محبت سے معمور کر دے! خدا کرے کہ یہ اُتم محبت آپ سے دوسرے لوگوں میں منتقل ہو۔ اِسی سے ہمیں معلوم ہوتا ہے کہ ہم اُس کے لوگ ہیں۔ کیوں کہ خدا کی محبت ہم میں راج کرتی ہے۔

چند ایک غور طلب باتیں

☆۔اب جبکہ آپ نے خداوند یسوع مسیح کو اپنا شخصی نجات دہندہ اور خداوند قبول کر لیا ہے تو خداوند یسوع مسیح نے آپ کے ارد گرد کے لوگوں کے ساتھ تعلقات کے حوالہ سے آپ کی زندگی میں کیا تبدیلی پیدا کی ہے؟

☆۔کیا اپنے اِرد گرد کے لوگوں کے لئے آپ کے دل میں محبت کا کوئی ثبوت دکھائی دیتا ہے؟ دوسروں کے تعلق سے آپ کے دل میں اظہار محبت کی راہ میں کونسی چیز رکاوٹ کا باعث بنی ہوئی ہے؟

دُعائیہ نکات

☆۔کیا آپ کی زندگی میں کچھ ایسے لوگ ہیں جن سے محبت کرنا دشوار معلوم ہوتا ہے؟ دُعا کریں کہ خدا آپ کو دوسروں کیلئے اس عظیم محبت کا تجربہ بخشے۔

☆۔خدا کی شکر گزاری کریں کہ وہ آپ سے غیر مشروط محبت کرتا ہے۔
خداوند سے اِس بات کیلئے معافی مانگیں کہ آپ اپنے ارد گرد کے لوگوں سے محبت نہ کر سکے۔

بیٹے پر ایمان

1۔ یوحنا 5:1-12 پڑھیں

یوحنا رسول ہمیں یہاں پر یہ بتا رہا ہے کہ اگر ہم مسیح پر ایمان رکھتے ہیں تو خدا سے پیدا ہوئے ہیں۔ خدا سے پیدا ہونے کے کیا معنی ہیں؟ ہم سب جسمانی طور پر پیدا ہوئے ہیں۔ یہ سب ہی جانتے ہیں۔ اِس سلسلہ میں کسی تفصیل وتشریح کی ضرورت نہیں ہے۔
تاہم یوحنا ہمیں یہ بتا رہا ہے کہ ایک دوسری پیدائش بھی ہے۔
یوحنا کی انجیل 1:12-13 آیات میں یوحنا رسول ہمیں بتا تا ہے کہ وہ جو مسیح یسوع کو قبول کرتے ہیں، خدا اُنہیں اپنے فرزند بننے کا حق بخشتا ہے۔ یہاں پر یہ بات واضح ہو جاتی ہے کہ ہر کوئی خدا کا فرزند نہیں ہے۔ ہم خداوند یسوع مسیح کو قبول کرنے سے ہی زندہ خدا کے فرزند بنتے ہیں۔
اِس کے بعد یوحنا 3 باب میں خداوند یسوع مسیح نیکودیمس نام کے ایک شخص کو بتاتے ہیں کہ اُسے خدا کی بادشاہی کو دیکھنے کے لئے نئے سرے سے پیدا ہونا ضروری ہے۔
اُس کی جسمانی پیدائش کافی نہ تھی۔ یوحنا 3:5-6 آیات میں خداوند یسوع مسیح جو کچھ بیان کررہے ہیں اِس پر غور فرمائیں۔
’’میں تجھ سے سچ کہتا ہو کہ جب تک کوئی پانی اور روح سے پیدا نہ ہو، خدا کی بادشاہی کو دیکھ نہیں سکتا۔‘‘
خداوند یسوع مسیح کلام کے اِس حصہ میں اِس بات کو واضح کرتے ہیں کہ سب سے پہلے پانی سے پیدا ہونا ہے۔ پانی سے پیدائش ہماری جسمانی پیدائش اور بپتسمہ کے وقت

استعمال ہونے والے پانی کی طرف اشارہ ہے۔ پھر دوسرے نمبر پر خداوند یسوع مسیح میں ایک روحانی پیدائش بھی ہے۔

عبارت کے اِس حصہ میں خداوند یسوع مسیح نیکودیمس کو بتاتے ہیں کہ اگر وہ آسمان کی بادشاہی میں جانا چاہتا ہے تو اسے روحانی پیدائش کی ضرورت ہے۔ ہماری جسمانی پیدائش ہمیں اِس دُنیا میں لے کر آتی ہے، ہماری روحانی پیدائش ہمیں خداوند کے فرزند بناتی ہے۔ آسمانی کی بادشاہی صرف اُن لوگوں کے لئے ہے جو روحانی طور پر دوسری پیدائش پا چکے ہیں۔

ہمیں کیسے معلوم ہوسکتا ہے کہ ہم نئی پیدائش پا چکے ہیں۔ 1 یوحنا 5:1-5 میں یوحنا رسول ہمیں بتاتا ہے کہ نئی پیدائش کے چار نشانات ہیں، آئیں مختصر طور پر اُن کو دیکھیں۔

ہم روحانی طور پر نئی پیدائش پا چکے ہیں۔ اِس کی پہلی علامت یہ حقیقت ہے کہ ہم خداوند یسوع مسیح پر ایمان رکھتے ہیں۔ (1 آیت)

اصطلاح "مسیح" کا معنی ہے مسح شدہ۔ جب ہم اِس بات پر ایمان رکھتے ہیں کہ یسوع ہی مسیح ہے تو خدا کے حضور مقبول ٹھہرنے کے لئے ہم مسیح کو واحد اُمید سمجھتے ہوئے ہم اُس سے لپٹ جاتے ہیں جسے خدا نے ہمارے گناہوں کے لئے قربان ہونے کے لئے بھیجا

اِس کا مطلب یہ ہے کہ ہم مسیح کے کام میں کسی قسم کے اضافہ کی توقع نہیں کر سکتے کہ ہم اور بھی زیادہ خدا کے حضور مقبول ٹھہر سکیں۔ ہماری نجات کی واحد اُمید خداوند یسوع مسیح اور اُس کے صلیبی کام میں ہے جو اُس نے ہمارے لئے سرانجام دیا۔ یہی ہے جسے خدا نے ہماری نجات کے لئے اِس دُنیا میں بھیجا اور جو کچھ خداوند یسوع مسیح نے ہمارے

لئے صلیب پر سر انجام دیا ہے وہ کافی ہے۔اب ہمیں اپنی نجات کے لئے کچھ بھی کرنے کی ضرورت نہیں ہے۔اس نے ہمارے لئے صلیب پر تمام کام سر انجام دے کر کہا،'' تمام ہوا۔''

اُس کے بچوں کے لئے محبت (1 آیت)

دوئم۔اگر ہم واقعی نئے سرے سے پیدا ہو چکے ہیں اور خدا باپ سے محبت رکھتے ہیں تو پھر ہمیں اس کے بچوں سے محبت کا تجربہ بھی ہوگا۔-(1 آیت) یوحنا رسول نے اکثر اپنے خط میں اِس بات کو دہرایا۔ کیوں کہ خدا محبت ہے اور ہم میں سکونت کرتا ہے۔ اِس لئے ہم دوسروں کے لئے بھی اپنے دلوں میں محبت رکھتے ہیں۔ بالخصوص خدا کے بچوں کے لئے اپنے دلوں میں محبت رکھتے ہیں۔

جب خدا کا روح ہمارے دلوں میں سکونت کرتا ہے تو پھر وہ ہمیں ان لوگوں اور چیزوں سے بھی محبت کرنے کی توفیق دیتا ہے جن سے خدا کو محبت ہے۔اگر خدا کا روح ہم میں بسا ہوا ہے تو پھر ہمیں خدا کے بچوں سے محبت ہوگی۔

اُس کے حکموں کی تابعداری (2-3 آیات)

سوئم۔اگر ہم خدا کے فرزند ہیں تو پھر ہم اس کے حکموں کی تابعداری بھی کریں گے۔ (2-3آیات) تابعداری کا مطلب ہے،اپنے طرزِ زندگی کے اعتبار سے مرجانا۔ اِس کا مطلب ہے خدا کی خاطر اپنی خواہشات اور دلچسپیوں کو ختم کر دینا۔تابعداری ایمانداروں کے لئے ایک بوجھ نہیں ہے۔ہمیں اپنی مرضی کو خدا کے تابع کرنے میں خوشی محسوس ہونی چاہئے۔

دُنیا پر غالب آنا (4-5 آیات)

چہارم:اگر ہم خدا سے پیدا شدہ ہیں،تو پھر ہم دُنیا پر غالب آئیں گے۔یوحنا رسول نے

کئی دفعہ اپنے خط میں اس بات کو نمایاں طور پر پیش کیا۔ وہ اپنے خط کے 3 باب میں ہمیں بتاتا ہے کہ کوئی بھی شخص جو مسیح میں ہے گناہ نہیں کرتا رہے گا۔ (1 یوحنا 1:3-6)

اور پھر 1 یوحنا 4:4 میں ہمیں یاد دلاتا ہے

''وہ جو ہم میں رہتا ہے اُس سے بڑا ہے جو اِس دُنیا میں ہے۔'' اگر ہم واقعی خدا سے پیدا شدہ ہیں تو ہم دُنیا پر غالب آئیں گے۔ ہمارے دلوں میں موجود مسیح کا نور گناہ کی تاریکی کو بھگا دے گا۔

4 آیت ہمیں بتاتی ہے کہ دُنیا پر یہ فتح ایمان کے ذریعہ سے آتی ہے۔ بالفاظ دیگر ہم اپنے طور سے اِس فتح کر تجربہ نہیں کر سکتے۔ پانچویں آیت کے مطابق یہ ایمان خدا کے بیٹے، یسوع مسیح پر ہے۔

کتنی بات ہم اپنی طاقت سے مسیحی زندگی بسر کرنے کی کوشش کرتے ہیں؟ شاید آپ نے دُعا میں زیادہ سے زیادہ وقت گزارنے کا عہد کیا ہو۔ شاید آپ اپنے آپ سے کہیں کہ آپ نے یہ یا وہ گناہ نہیں کرنا۔ لیکن ہر دفعہ آپ کی فتح اور غلبہ چند دن تک ہی قائم رہا۔ آپ کے روحانی انجن سے گیس جلد ہی ختم ہوگئی۔ آپ اپنی طاقت سے بس اِس قدر ہی آگے بڑھ سکتے تھے۔

یوحنا رسول کہتا ہے کہ اگر آپ دُنیا پر غالب آنا چاہتے ہیں تو پھر خداوند یسوع مسیح پر ایمان رکھنے سے ہی فتح ممکن ہے۔

کیا آپ اپنی کاوشوں سے دستبردار ہوتے ہوئے خداوند یسوع مسیح کو ایسا کرنے کا موقع دیں گے؟ وہ آپ کے دل کو تبدیل کر سکتا ہے۔ وہی آپ کو ضروری طاقت سے نواز سکتا ہے۔

6-11 آیات ہمیں خداوند یسوع مسیح کے تشخص کے بارے میں بتاتی ہیں۔ اور اُسی

کے وسیلہ سے ہم دنیا پر غالب آسکتے ہیں۔ یہ آیات ہمیں بتاتی ہیں کہ ''خداوند یسوع پانی اور خون کے وسیلہ سے آیا۔'' اِس بات کو سمجھنا آسان نہیں ہے۔ لفظ ''آیا'' ظاہر کرنا یا اپنے آپ کو دوسروں پر ظاہر کرنا ہے۔

یوحنا یہ بیان کر رہا ہے کہ یسوع مسیح نے اپنے آپ کو اس دنیا پر پانی اور خون کے وسیلہ سے ظاہر کیا۔ ہم اس عبارت میں لفظ ''پانی اور خون'' کی اصطلاح کو کیسے سمجھیں؟ لفظ ''پانی'' کے مفہوم کے تعلق سے بعض تفاسیر میں کچھ تضاد پایا جاتا ہے۔ بعض کہتے ہیں کہ یہ پانی کے بپتسمہ کا حوالہ ہے۔ خداوند یسوع مسیح نے خود کو پانی کے بپتسمہ کے وسیلہ سے اس دنیا پر ظاہر کیا۔

یوحنا بپتسمہ دینے والے سے بپتسمہ لے کر خداوند یسوع مسیح نے اُس دُنیا میں اپنی خدمت کا آغاز کیا۔ بپتسمہ لیتے وقت ہی خدا کا روح یسوع پر نازل ہوا تھا۔ اور یہی وہ دن تھا جس دن لوگوں نے خداباپ کی آواز سنی تھی۔ ''یہ میرا پیارا بیٹا ہے جس سے میں خوش ہوں۔'' پانی کا بپتسمہ لوگوں کے سامنے اعلانیہ اقرار تھا کہ وہ ابن خدا ہے۔

بعض مفسرین لفظ ''پانی'' میں مسیح کی جسمانی پیدائش کو دیکھتے ہیں۔ یوحنا 3:5 میں خدا کا کلام ہمیں بتاتا ہے کہ لازم ہے کہ ہم پانی اور روح سے پیدا ہوں۔ پیدائش کے وقت پہلے پانی گرتا ہے اور پھر بچہ پیدا ہوتا ہے۔

اگر اس آیت کی یہی تفسیر وتشریح ہے تو پھر اِس کا مطلب ہے کہ خداوند یسوع مسیح نے اپنی جسمانی پیدائش کے وسیلہ سے خود کو ظاہر کیا۔ اُس نے جسم اختیار کیا۔ مریم کے پیٹ میں پڑا اور فطری پیدائش سے اِس دُنیا میں پیدا ہوا۔

یوحنا رسول ہمیں بتاتا ہے کہ نہ صرف مسیح نے انسانی جسم اختیار کر کے اپنے آپ کو ظاہر کیا۔ (پانی سے) بلکہ ''خون'' سے بھی۔

بہت سے مفسرین اِس بات پر متفق ہیں کہ اصطلاح ''خون'' ہمارے گناہوں کیلئے صلیب پر مسیح کی موت کی طرف اشارہ ہے۔ اگرچہ ہم نے جسمانی طور پر مسیح کو کبھی نہیں دیکھا۔ اُس نے صلیب کے وسیلہ سے خود کو ہم پر ظاہر کیا۔

مسیح کی موت نے اُس کی پیدائش سے بھی زیادہ لوگوں پر خدا کو ظاہر کیا۔ ہر قوم اور قبیلہ سے لاتعداد لوگ مسیح کی صلیب کے وسیلہ سے خدا سے ملاقات کر چکے ہیں۔ خداوند یسوع مسیح نے ایک موقع پر اپنے شاگردوں کو یہ بتایا تھا کہ جب وہ اونچے پر چڑھایا جائے گا (صلیب پر) تو وہ سب آدمیوں کو اپنی طرف کھینچ لے گا۔

خداوند یسوع مسیح کا صلیبی کام ہی ہمارے ایمان کا مرکز و محور ہے۔ ہماری اُمید کی ٹھوس بنیاد اس کے صلیب پر مکمل کئے گئے کام پر ہے۔ تاہم سوال یہ ہے کہ کیسے ہم اِس بات کے لئے پر یقین اور پر اعتماد ہو سکتے ہیں کہ خداوند یسوع مسیح کا صلیب پر کیا ہوا کام ہی ہمارے لئے کافی ہے؟ یوحنا ہمیں خداوند یسوع کے تشخص اور صلیبی کام کے متعلق یاد دلاتا ہے۔

آئیں اِن گواہیوں پر مختصر طور پر ایک نظر ڈالیں

یوحنا رسول ہمیں 8,7 آیات میں ہمیں بتاتا ہے کہ یہ گواہیاں ''روح، پانی اور خون ہیں۔'' روح سے مراد، لگتا ہے کہ یوحنا رسول روح القدس کی طرف اشارہ کر رہا ہے جو کہ خداوند یسوع مسیح کے تشخص اور صلیب پر کئے گئے کام کی گواہی دیتا ہے۔ جس نے اُس کی زندگی کو خدا کی قدرت سے بھر کر معجزات اور نشانات کے وسیلہ سے اس کا اظہار کیا۔ یہی پاک روح ہمارے دلوں کو بھی معمور کرتا اور ہمیں اِس بات کی یقین دہانی بخشتا ہے کہ یسوع کے دعویٰ جات درست اور حق پر مبنی ہیں۔ وہ لوگ جن میں خدا کا روح بسا ہوا ہے، جانتے ہیں کہ یسوع خدا کا بیٹا ہے اور اُنہیں اُن کے گناہوں سے

نجات دینے کے لئے اِس دُنیا میں آیا۔

خداوند یسوع مسیح کے تشخص اور کام کی دوسری گواہی ''پانی'' ہے۔ ہم پہلے ہی یہ کہہ چکے ہیں کہ پانی ہمارے خداوند یسوع مسیح کی جسمانی پیدائش کو ظاہر کرتا ہے۔ وہی جو بڑی سنجیدگی سے خداوند یسوع مسیح کی زندگی کا جائزہ لے گا۔ صرف وہی اِس بات کا فہم حاصل کر پائے گا کہ خداوند یسوع مسیح کے دعویٰ جات درست ہیں، ہم اُسے کہیں بھی گناہ میں گرتے ہوئے نہیں دیکھتے۔

ہم خداوند یسوع مسیح کے تشخص میں خدا باپ کے کردار کو منکشف ہوتے ہوئے دیکھتے ہیں۔ ہم خداوند یسوع مسیح کی زمین پر جسمانی زندگی میں خدا باپ کی محبت اور قدوسیت کے مظہرات دیکھتے ہیں۔ اُس کا رحم وترس، بے گناہ زندگی اور بے لوث محبت ظاہر کرتی ہے کہ جیسے اس نے دعوے کئے وہ ویسا ہی تھا۔

اُن کے لئے جو ''پانی'' کو بپتسمہ کی علامت سمجھتے ہیں، یہ بھی خداوند یسوع مسیح کے تشخص اور صلیبی کام کی گواہی ہے۔ ایک دن خداوند یسوع مسیح کو بپتسمہ دیا گیا۔ اِس موقع پر موجود اردگرد کے لوگوں نے ایک آواز سنی۔ جس نے بتایا کہ وہ خدا کا بیٹا ہے۔ انہوں نے کبوتر کی صورت میں روح القدس کو نازل ہوتے دیکھا۔ یہ ایک واضح تصدیق تھی کہ خداوند یسوع وہی تھا جیسا اُس نے دعویٰ کیا تھا کہ وہ ہے۔ اور اُس کا کام باپ کا کام تھا۔

خداوند یسوع مسیح کے تشخص اور کام کی تیسری گواہی ''خون'' ہے۔ ہم سمجھتے ہیں کہ یہ ہمارے گناہوں کے لئے صلیب پر اُس کی موت ہے۔ اُس کی موت نے عہد عتیق میں کی گئی تمام نبوتیں پوری کر دیں۔ اِسی موت کی تصدیق آسمانی باپ نے اُسے مردوں میں سے زندہ کرنے کے وسیلہ سے کر دی۔ اُس کی موت کے وسیلہ سے لاتعداد

زندگیاں تبدیل ہو چکی ہیں۔ یہ تمام گواہیاں ایک دوسرے سے باہم متفق ہیں۔ اِس سے بڑھ کر ہمیں کس ثبوت کی ضرورت ہے

خداوند یسوع مسیح کی سچائیوں کے دعوؤں کی ایک اور گواہی بھی ہے۔ اگر آپ ایک ایماندار ہیں تو آپ کے دل میں یہ گواہی یا شہادت موجود ہوگی۔ خدا کا روح آپ کو مسیح کے دعوؤں کی یقین دہانی کراتا ہے۔ یہ باطنی یقین دہانی صرف اور صرف اسی صورت میں پیدا ہوتی ہے جب خدا آپ کے دل میں تصدیق بخشتا ہے کہ یسوع وہی ہے جیسا کہ اس نے دعویٰ کیا تھا۔ اگرچہ اپنے ساتھی انسانوں کی گواہی پر ہم شک کی کوئی وجہ پا سکتے ہیں تو بھی خدا کی گواہی پر ہم قطعاً شک نہیں کر سکتے۔

یوحنا رسول کہتا ہے کہ مسیح کو جھوٹا ٹھہرا کر ہی اس کے دعوؤں کو رد کر سکتے ہیں۔

جب خداوند یسوع مسیح ابن خدا ہونے کا دعویٰ کرتا ہے۔ اور آپ اُس پر ایمان لانے سے انکار کرتے ہیں۔ ابدی زندگی صرف اور صرف خداوند یسوع مسیح ہی میں پائی جاتی ہے۔ اُسے اور اُس کے دعوؤں کو رد کرنا زندگی کو رد کرنا ہے۔ کوئی بھی شخص جو مسیح کو رد کرتا ہے۔ کبھی بھی خدا کی بادشاہت کا وارث نہیں ہو سکتا۔

قصہ مختصر یہ کہ یوحنا ہمیں یہ بتا رہا ہے کہ وہ لوگ جو خدا سے پیدا ہوئے ہیں اور خداوند یسوع مسیح پر ایمان رکھتے ہیں، اِس عقیدہ کی بنیاد نہ صرف خداوند یسوع مسیح کے دعوؤں کے محتاط جائزوں پر ہے بلکہ زندگی میں عملی تجربہ پر بھی ہے۔

یہ وہ لوگ ہوتے ہیں جن میں اس کی محبت بکثرت پائی جاتی ہے۔ وہ دُنیا اور اُس کی آزمائشوں پر اُس قدرت سے غالب آ رہے ہیں جو اُن کی زندگی میں کام کر رہی ہے۔ وہ مسیح کی زندگی اور موت میں ثبوت کو دیکھتے ہیں کہ جیسا اُس نے دعویٰ کیا ہے وہ ویسا ہی ہے۔ یہ وہ لوگ ہوتے ہیں جن کی روح میں اِس بات کی گہری قائلیت پائی جاتی

ہے کہ یسوع ہی مسیح ہے۔ وہ ابدی زندگی کے لئے اُسے واحد اُمید سمجھتے ہوئے اِس سے لپٹے رہتے ہیں۔ بلاشبہ جیسا یسوع نے اپنے بارے میں کہا ہے وہ ویسا ہی ہے۔ اگر آپ یسوع اور اُس کے دعوؤں پر یقین نہیں رکھتے، تو یوحنا رسول کہتا ہے کہ پھر آپ کے پاس اپنے آپ کو خدا کے فرزند کہنے کی کوئی بنیاد نہیں ہے۔ ہر وہ شخص جو خدا سے پیدا ہوا ہے اِس بات پر ایمان رکھتا ہے کہ یسوع ہی مسیح ہے۔

چند ایک غور طلب باتیں

☆۔آپ اپنی زندگی میں کون سا ایسا ثبوت دیکھتے ہیں جو یہ ظاہر کرتا ہے کہ آپ نئی پیدائش کا تجربہ حاصل کر چکے ہیں؟

☆۔خداوند یسوع مسیح کے کام اور اُس کے دعوؤں کے ثبوت جو یوحنا نے اس باب میں بیان کیے ہیں، اُن کا جائزہ لیں۔

☆۔کیا خداوند یسوع مسیح کے تعلق سے یا جو کچھ وہ کرنے کے لئے آیا، آپ کی زندگی میں کوئی شک پایا جاتا ہے؟

☆۔کیا کسی شخص کے لئے یہ ممکن ہے کہ وہ خداوند یسوع مسیح کے دعوؤں پر ایمان لائے بغیر مسیحی ہو سکے؟

دُعائیہ نکات

☆۔اِس بات کے لئے خدا کے شکر گزار ہوں کہ اُس نے ہمیں اپنے بیٹے یسوع کے تشخص اور اُس کے کام کے تعلق سے یقین دہانی بخشی ہے۔

☆۔خداوند سے درخواست کریں کہ اُن سچائیوں کو آپ کے کسی دوست یا عزیز پر منکشف کرے جس نے ابھی تک خداوند یسوع کو مسیح کے طور پر قبول نہیں کیا۔

☆۔اگر خداوند یسوع مسیح کے دعوؤں اور اُس کے تشخص کے تعلق سے آپ کے دل میں کوئی شک ہے تو خداوند سے دُعا کریں کہ وہ اُسے دور کر دے۔

گناہ جس کا نتیجہ موت ہے

1 یوحنا 5:13-21

ہم یوحنا کے پہلے خط کے اختتام پر پہنچ چکے ہیں۔ یوحنا رسول ہمیں اس باب کی 13 ویں آیت میں اِس کا مقصد یاد دلاتا ہے۔ اُس نے یہ خط اِس لئے لکھا تا کہ ہم جانیں کہ ابدی زندگی رکھتے ہیں۔ اپنے پہلے خط میں یوحنا رسول نے بیان کیا ہے کہ ایک حقیقی ایماندار ہونے کا کیا معنی ہے۔ اُس نے ہمارے ایمان کو جانچنے کے لئے کئی طرح کی پرکھیں اور کسوٹیاں ہمارے سامنے رکھی ہیں تا کہ ہم جانیں کہ ہمارا ایمان حقیقی بھی ہے یا نہیں۔

یہ خط اس طور سے لکھا گیا ہے کہ ہم اپنے آپ کا گہرے طور پر جائزہ لے سکیں۔ اس نے ہمیں یہ سوال کرنے کے لئے تیار کیا ہے۔ ''کیا میں ایک حقیقی مسیحی ہوں ؟'' آپ اُس وقت تک مسیح کے پاس آ نہیں سکتے جب تک آپ اُس کی ضرورت کو محسوس نہ کریں۔ اگر آپ کو اپنی نجات کی یقین دہانی نہیں ہے۔ تو میں آپ کو اِس بات کے لئے دعوت دیتا ہوں کہ ابھی اِس کتاب کو رکھ دیں اور خداوند سے دُعا کرنا شروع کر دیں۔

خداوند کو بتائیں کہ یوحنا کے خط سے آپ میں ایک تذبذب سا پیدا ہو گیا ہے کہ آیا میں ایک حقیقی مسیحی بھی ہوں کہ نہیں۔ اپنی کوتاہیوں کا اقرار کریں۔ خداوند کو بتائیں کہ آپ چاہتے ہیں کہ وہ آپ کا نجات دہندہ ہو۔ اپنی زندگی کا اختیار اُس کے ہاتھوں میں دے دیں۔ اُس سے التماس کریں کہ وہ آپ کو نجات کی یقین دہانی بخشے۔ اُس سے

درخواست کریں کہ وہ آپ کی زندگی کو اِس خط میں بیان کردہ ایماندار جیسی زندگی بنادے۔

یوحنا رسول خط کے اختتام پر ہمیں ایک وعدہ پیش کرتا ہے۔ وہ کہتا ہے کہ ہم بڑی دلیری سے خدا کے پاس آ سکتے ہیں۔ ہم کسی بھی ایسی چیز کے لئے اس سے درخواست کر سکتے ہیں جو اس کی مرضی کے مطابق ہے۔ اور وہ ہماری دُعا سنے گا۔ آپ اِس بات کے لئے پراعتماد ہو سکتے ہیں کہ اگر خدا نے آپ کے دل پر بوجھ رکھا ہے کہ آپ جانیں تو جب آپ اُسے پکاریں گے تو وہ آپ کی دُعا سنے گا۔

آپ اِس بات کے لئے بھی پراعتماد ہو سکتے ہیں کہ جب آپ خداوند یسوع مسیح سے کہیں گے کہ آپ کو گناہ پر فتح بخشے، تو وہ آپ کی دُعاؤں کو سن کر جواب دے گا۔ آئیں دلیری سے خداوند کے پاس چلیں۔ اور اُس کے وعدوں کو اپنے لئے مانگ لیں۔ اگر ہمیں اس بات کا علم ہے کہ ہم نے اس کی مرضی کے کے مطابق کچھ مانگا ہے تو ہم اس بات کے لئے پراعتماد ہو سکتے ہیں کہ اُس نے ہماری دُعا کو سنا ہے۔

اگر ہم جانتے ہیں کہ اُس نے ہماری دُعا کو سنا ہے تو ہم یہ بھی جانتے ہیں کہ وہ ہماری دُعا کا جواب دے گا۔ ہمارے کرنے کے لئے سادہ سا کام یہ ہے کہ ہم اُس کی خدمت گزاری کریں اور اپنے آپ کو اُس کے تابع کردیں۔

16 ویں آیت کے مطابق، ہماری دُعاؤں کے سنے جانے کے اس وعدہ کا اطلاق مسیح میں بھائیوں اور بہنوں کے لئے دعا اور شفاعت پر بھی ہوتا ہے۔ اگر ہم دوسروں کو ایسا گناہ کرتے ہوئے دیکھیں جس کا نتیجہ موت ہے۔ ہمیں دُعا کرنی چاہئے کہ خدا اُنہیں زندگی بخشے۔

ہمیں خداوند سے التماس کرنی چاہئے کہ خداوند اُنہیں گناہ اور موت کے بندھنوں سے

رہائی بخشے۔ خداوند سے درخواست کریں کہ خداوند ان کی روحانی زندگی کو بحال کرے تاکہ وہ پھر سے نجات کی شادمانی سے لطف اندوز ہوسکیں۔

یوحنا رسول بیان کرتا ہے کہ خداوند ہمارے بھائیوں اور بہنوں کی مخلصی اور رہائی کے لئے کی گئی ہماری دُعاؤں کو سنے گا۔ کیوں کہ دُعا میں ایک زبردست قوت پائی جاتی ہے۔

ہم کس طرح اپنے بھائیوں اور بہنوں کی روحانی حالت کو مسلسل دُعا کا ایک اہم معاملہ بنا سکتے ہیں؟ بطور کلیسیا ہمیں ان ایمانداروں کے لئے متفق ہوکر دعائیں کرنے کی ضرورت ہے۔ جو گناہ میں گر چکے ہیں۔ خداوند نے وعدہ کیا ہے کہ وہ ہماری دُعاؤں کو سنے گا اور بھٹکے ہوؤں کو واپس لائے گا۔

تاہم، یہاں پر قابلِ ذکر بات یہ بھی ہے کہ یوحنا رسول بیان کرتا ہے کہ ''گناہ ایسا بھی ہے جس کا نتیجہ موت ہے۔'' (16 آیت)

رسول بیان کرتا ہے کہ ہم بڑے ایمان کے ساتھ اِس بات کے لئے دُعا کر سکتے ہیں کہ خدا اس شخص کو مخلصی اور رہائی بخشے جس نے ایسا گناہ کیا ہے۔ یہ گناہ کون سا ہے؟

آئیں غور کریں کہ خدا نے اپنے بندہ یرمیاہ نبی کی معرفت کیا کہا۔

''اور خداوند نے مجھے فرمایا، کہ اُن لوگوں کے لئے دُعای خیر نہ کر۔ کیوں کہ جب یہ روزہ رکھیں گے تو میں اُن کا نالہ نہ سنوں گا۔ اور جب سوختنی قربانی اور ہدیہ گزرانیں تو قبول نہ کروں گا۔ بلکہ میں تلوار اور کال اور وبا سے اُن کو ہلاک کروں گا۔''

﴿یرمیاہ 14:11-12﴾

خداوند نے یہی بات یرمیاہ 16:7 میں بھی کہی،

''پس تو ان لوگوں کے لئے دُعا نہ کر۔ اور اُن کے واسطے آواز بلند نہ کر۔ اور مجھ سے

منت اور شفاعت نہ کر۔ کیوں کہ میں تیری نہ سنوں گا۔''

خداوند یہاں پر بنی اسرائیل کے تعلق سے بات کر رہا ہے۔ اُنہوں نے خدا کی طرف پشت پھیر دی۔ اُنہوں نے اُس کے نبیوں کی بات سننے سے انکار کر دیا تھا۔

خدا نے انہیں سننے اور توبہ کرنے کا ہر ممکن موقع دیا تھا۔ لیکن وہ اُس کی آواز کے شنوانہ ہوئے۔ تب خدا نے اُن پر اپنی عدالت کا حکم صادر کر دیا۔ اَب اُنہیں اپنے گناہوں کے لئے مرنا ہی تھا۔ اَب تو دُعا کرنے کا کوئی فائدہ نہیں تھا۔ خدا کی طرف سے عدالت مقرر ہو چکی تھی۔ عہد جدید میں ہمارے پاس ایسے گناہ کی بہت سی مثالیں پائی جاتی ہیں جس کا نتیجہ موت ہے۔

اعمال 5 باب میں حننیاہ اور سفیرہ نے ہدیہ کی اُس رقم کے تعلق سے روح القدس سے جھوٹ بولا جو اُنہوں نے اپنی جائیداد بیچ کر حاصل کی تھی۔ اُن کے گناہ کے باعث خدا نے انہیں وہیں مار ڈلا۔ اُن کا گناہ دانستہ طور پر خدا کی نافرمانی تھی۔ اگر چہ وہ جانتے تھے کہ کیا درست ہے پھر بھی اُنہوں نے خدا کے خلاف بغاوت کا چناؤ کیا۔ وہ تائب دل نہ ہوئے اور خدا نے جسمانی موت سے اُن کی عدالت کی۔

1 کرنتھیوں میں 11:30 میں لکھا ہے کہ کچھ ایسے لوگ تھے جو نامناسب طور پر خداوند کی میز میں شریک ہوئے تھے۔ ظاہر ہے کہ ایسے لوگ اپنے گناہوں کا اقرار کرنے کے لئے تیار نہ تھے۔ لیکن پھر بھی وہ خداوند کی عشائ میں شامل ہونے کے لئے خداوند کے نام ہی سے آتے تھے۔

مقدس پولس رسول کرنتھس کی کلیسیا کو یاد دلاتا ہے کہ یہی وجہ ہے کہ کلیسیا کے بہت سے اراکین بیمار بھی ہیں اور بہت سے سو بھی گئے ہیں۔

1 کرنتھیوں 5:5 میں مقدس پولس رسول نے کلیسیا کو بتایا کہ اُن میں کچھ ایسے لوگ بھی

تھے جو حرامکاری کے گناہ میں ملوث تھے۔ پولس رسول نے اُنہیں بتایا کہ ایسے لوگوں کو کلیسیا سے نکال دیں۔ اور انہیں شیطان کے حوالہ کریں تاکہ جسم تو فناہ ہو پر اُن کی روحیں بچ جائیں۔

جب ایک ایماندار شیطان کے حوالہ کر دیا جاتا ہے تو پھر کیا ہوتا ہے؟ غور کریں کہ ایوب کے ساتھ کیا واقعہ پیش آیا۔ شیطان نے اُس کا سب کچھ لے لیا۔ اُس نے ایوب کو بہت زیادہ دُکھ دیا اور بے حد ستایا۔

ایوب نے اپنے خاندان اور دوست احباب کھو دیئے۔ آخر میں راکھ کے ڈھیر پر بیٹھ گیا اور ایک ٹھیکرا لے کر اپنے زخموں کو کھجانے لگا۔ اگر خدا کا اپنے اس خادم کے لئے کوئی مزید منصوبہ نہ ہوتا تو شیطان اُسے ہلاک کر ڈالتا۔ اُسے شیطان کے حوالہ کرنے کا کیا نتیجہ نکلا؟

آئیں ایوب کی زبانی سنتے ہیں۔

"میرے کان نے تیری خبر سنی تھی، پر اب میری آنکھ تجھے دیکھتی ہے۔" (ایوب 42:5)

اِس آزمائش کے وسیلہ سے ایوب اور بھی زیادہ خداوند کے قریب آ گیا۔

کچھ ایسا ہی بابل کے بادشاہ نبوکدنضر کی زندگی میں بھی واقع ہوا۔ وہ بڑا مغرور اور شیخی باز شخص تھا۔ اُس کے تکبر کے باعث خدا نے اسے شیطان کے حوالہ کر دیا۔ یہ بادشاہ اپنے ہوش وحواس کھو بیٹھا اور جنگلی جانوروں کے درمیان بیابان میں آوارہ گردی کرنے لگا۔ شیطان کے حوالہ ہونے سے کون سا مقصد حاصل ہوا؟

آئیں سنیں نبوکدنضر کیا کہتا ہے۔

"اور ان ایام کے گزرنے کے بعد، میں نبوکدنضر نے آسمان کی طرف آنکھیں

اٹھائیں۔اور میری عقل مجھ میں پھر آئی اور میں نے حق تعالیٰ کا شکر ادا کیا اور اُس حیّ القیوم کی حمد وثنا کی جس کی سلطنت ابدی اور جس کی مملکت پشت در پشت ہے۔ اور زمین کے تمام باشندے ناچیز گنے جاتے ہیں۔اور وہ آسمانی لشکر اور اہل زمین کے ساتھ جو کچھ چاہتا ہے کرتا ہے۔اور کوئی نہیں جو اُس کا ہاتھ روک سکے اور اُس سے کہے کہ تو کیا کرتا ہے۔

اُسی وقت میری عقل مجھ میں پھر آئی اور میری سلطنت کی شوکت کے لئے میرا رعب اور دبدبہ پھر مجھ میں بحال ہو گیا اور میرے مشیروں اور امیروں نے مجھے پھر ڈھونڈا اور میں اپنی مملکت میں قائم ہوا۔اور میری عظمت میں افزونی ہوئی۔

اَب میں نبوکدنضر آسمان کے بادشاہ کی ستائش اور تعظیم وتکریم کرتا ہوں۔ کیوں کہ وہ اپنے سب کاموں میں راست اور اپنی سب راہوں میں عادل ہے۔ اور جو مغروری میں چلتے ہیں، اُن کو ذلیل کرسکتا ہے۔﴿دانی ایل 4:34-37﴾

یوحنا رسول ہمیں یہاں پر بتا رہا ہے کہ بعض اوقات لوگوں کی سخت دلی کے سبب سے خدا سخت ترین سزا بھی دے دیتا ہے۔ کچھ ایسے بھی ہیں جو اپنے گناہ کے سبب مریں گے۔اور کچھ ایسے بھی ہوں گے، جب اُن پر کسی قسم کی کوئی بیماری یا کمزوری آئے گی تو اُسکے بعد وہ خدا کے نام پر کفر بکنا بند کر دیں گے اور خداوند کی طرف رجوع لائیں گے۔ ایسی حالتوں میں جو کچھ خدا کر رہا ہے، ہمیں اُس کے منصوبہ کے پیش نظر دُعا کرنا ہے تا کہ وہ اُن لوگوں کے دلوں کو اپنی طرف پھیرے۔

لوگوں کے گناہ کے باعث موت کے وسیلہ سے کون سا مقصد حل ہوتا ہے؟ حننیاہ اور سفیرہ کے واقعہ میں ساری کلیسیا پر خدا کا خوف طاری ہو گیا۔﴿اعمال 5:5﴾

اِس واقعہ میں خدا کی عدالت بالکل واضح طور پر دیکھنے کو ملتی ہے کہ ساری کلیسیا توبہ کے

مقام تک پہنچی اور اُن پر خدا کا خوف چھا گیا۔ گناہ کا مرتکب ہونے والا یہ جوڑا تو مر گیا لیکن اِس سے دوسرے گناہ گاروں نے خدا کے خلاف بغاوت ترک کر دی اور اُنہوں نے اُن کی روش اختیار نہ کی۔ کلیسیا میں سے گناہ کی صفائی ہوئی اور کلیسیا نے ترقی کی۔
رسول ہمیں یہ بتا رہا ہے کہ خدا کے لوگ گناہ کرنا جاری نہیں رکھیں گے۔ بلکہ خدا انہیں محفوظ رکھے گا تا کہ شریر انہیں کوئی ضرر نہ پہنچا سکے۔ (آیت 18) یہاں یہ کہنا مراد نہیں ہے کہ دشمن انہیں بالکل چھو نہیں سکتا۔
ہم پہلے ہی اِس بات کا بغور جائزہ لے چکے ہیں کہ کس طرح خدا دشمن کو اپنے بچوں کی زندگی میں اپنے نام کو جلال دینے کے لئے استعمال کر سکتا ہے۔ ہمیں یہ سمجھنے کی ضرورت ہے کہ اگرچہ شیطان ہمیں پھاڑ کھانا چاہتا ہے تو بھی ہمارے پیارے آسمانی باپ کی اجازت کے بغیر وہ کچھ نہیں کر سکتا۔ حتیٰ کہ کوئی طاقتور دشمن بھی حقیقی ایمانداروں کو خدا سے گمراہ نہیں کر سکتا۔ اگرچہ دشمن اُن کے بدن اور ذہن کو پھاڑ کھائے تو بھی وہ اُن کی روحوں کو قطعاً چھو نہیں سکتا۔
یوحنا رسول ہمیں بتاتا ہے کہ "خدا کا بیٹا آ گیا ہے اور اُس نے ہمیں سمجھ بخشی ہے تا کہ ہم اُس کو جو حقیقی ہے جانیں۔"
خدا کے متعلق سچائی خداوند یسوع مسیح کے تشخص اور کام میں پائی جاتی ہے۔ وہ لوگ جو ایسے گناہ کے مرتکب ہوئے ہیں جس کا نتیجہ موت ہے۔ دراصل وہ دو میں سے ایک جرم کے مرتکب ہوئے ہیں۔ یا تو وہ خدا کی تنبیہ کے باوجود گناہ کرتے رہتے ہیں یا پھر خداوند یسوع مسیح کے دعوؤں کو رد کرتے ہیں۔
دراصل رسول ہمیں یہاں پر یہ بتا رہا ہے کہ اگرچہ ایمانداروں کے لئے سچائی اور راستبازی میں زندگی بسر کرنا ایک معمول کا تجربہ ہے تو بھی کچھ ایسے لوگ ہوتے ہیں جو

اُن کی توجہ اِن اصولوں سے ہٹا دیتے ہیں۔ ایک ایماندار کا حق سے گمراہ ہو جانا ممکن ہے۔

یہ ممکن ہوسکتا ہے کہ ایک ایماندار کا دل اس قدر سخت ہو جائے کہ وہ اپنے مالک کی آواز ہی نہ سن پائے جو انہیں اپنی طرف رجوع لانے کیلئے بلا رہا ہے۔ ایسے لوگ یوحنا 15 باب میں مندرج انگور کی وہ شاخیں ہیں جو بے پھل رہ جاتی ہیں۔ وہ کاٹی اور آگ میں جھونک دی جاتی ہیں۔

میں قطعاً یہ نہیں کہہ رہا کہ وہ اپنی نجات کھو دیتے ہیں۔ میں تو یہ کہہ رہا ہوں کہ وہ گناہ کرتے ہیں اور خدا کو اُن کی جسمانی زندگی کا خاتمہ کرنا پڑتا ہے۔ اُن کو کاٹ ڈالا جاتا ہے تا کہ وہ کفر سے باز رہنا سیکھیں۔ اُن کو کاٹ ڈالا جاتا ہے تا کہ وہ بغاوت میں زندگی بسر کرنا جاری نہ رکھیں۔

یہ خدا کی طرف سے فضل کا ایک عمل ہے۔ بعض اوقات بیماری، حتیٰ کہ موت بھی قابل ترجیح ہوسکتی ہے تا کہ بغاوت کا سلسلہ منقطع ہو جائے۔ بعض اوقات خدا کلیسیا کی پاکیزگی اور خالص پن کو برقرار رکھنے کے لئے جسمانی موت سے تنبیہ کرتا ہے۔

ارتکاب گناہ کا سلسلہ جاری رکھنا ایک سنجیدہ معاملہ ہے۔

عبرانیوں کا مصنف اُسے یوں بیان کرتا ہے۔

"کیوں کہ حق کی پہچان حاصل کر لینے کے بعد، اگر ہم جان بوجھ کر گناہ کریں تو گناہ کی اور کوئی قربانی باقی نہیں رہی۔" ﴿عبرانیوں 10:26﴾

مجھے تو یوں لگتا ہے کہ وہ گناہ جس کا نتیجہ موت ہے۔ یہ دانستہ طور پر خدا کے خلاف بغاوت کا سلسلہ جاری رکھنا ہے۔ یہ گناہ وہ لوگ کرتے ہیں جو حق کی پہچان تو حاصل کر لیتے ہیں لیکن اُس کی طرف قطعاً توجہ نہیں دیتے۔ بلکہ اپنی پشت اُس کی طرف پھیر

دیتے ہیں۔ یہ وہ گناہ ہے جس کے تعلق سے پطرس نے ہمیں آگاہ کیا ہے۔

''اور جب وہ خداوند اور منجی یسوع مسیح کی پہچان کے وسیلہ سے دُنیا کی آلودگی سے چھوٹ کر پھر اُس میں پھنسے اور اُس سے مغلوب ہوئے تو اُن کا پچھلا حال پہلے سے بھی بدتر ہوا۔ کیوں کہ راستبازی کی راہ کا نہ جاننا اُن کے لئے اِس سے بہتر ہوتا کہ وہ اسے جان کر اس پاک حکم سے پھر جاتے جو اُنہیں سونپا گیا تھا۔ ان پر یہ مثل صادق آتی ہے کہ کتا اپنی قے کی طرف اور نہلائی ہوئی سؤارنی دلدل میں لوٹنے کی طرف۔''

﴿2 پطرس 2:20-22﴾

اگرچہ خدا اپنے لوگوں کو محفوظ رکھے گا تو بھی دانستہ طور پر خدا کے خلاف بغاوت میں زندگی بسر کرتے ہوئے کوئی بھی اس بات کی توقع نہ کرے کہ خدا اُس کی عدالت نہیں کرے گا۔ وہ جو سچائی سے واقف ہو چکے ہیں اور پھر بھی حق کے خلاف باغیانہ رویہ رکھتے ہیں ان لوگوں سے زیادہ جواب دہ ہوں گے۔ جنہوں نے کبھی بھی سچائی کو نہیں جانا۔

سچائی کو نہ جانتے ہوئے گناہ کرنا ایک چیز ہے جبکہ حق کی پہچان حاصل کر لینے کے بعد حق کے خلاف بغاوت کرنا ایک فرق بات ہے۔

یوحنا رسول ہمیں یہ بتاتے ہوئے اپنے خط کا اختتام کرتا ہے کہ ہمیں اپنے آپ کو بتوں سے بچائے رکھنا ہے۔ (آیت 21) بت سے مراد وہ چیز ہے جو ہماری زندگی میں خدا کی جگہ لے لیتی ہے۔

خبردار رہیں کہ کوئی بھی چیز ہماری زندگی میں خدا کا مقام حاصل نہ کرنے پائے۔ ہماری زندگیاں قطعی طور پر اُس کے تابع ہوں۔ ہمارے دل صرف اور صرف اُسی کے لئے غیرت سے بھرے ہوئے ہوں۔

لازم ہے کہ وہی ہمارے ذہنوں اور دلوں پر راج کرے۔ ہر ایک چیز جو اِس کے علاوہ ہے، وہ ہماری زندگی سے خارج ہو جانی چاہیئے۔ خداوند ہی کو ہماری زندگی میں سب کچھ ہونا چاہیئے۔ اُسے ہی ہماری سوچوں اور خواہشات کا مرکز ومحور ہونا چاہیئے۔ یہی نور میں فتح مندی سے چلنے کا راز ہے۔

چند ایک غور طلب باتیں

☆۔ کیا آپ نے کبھی آزمائش، کسی بڑی مصیبت یا حتیٰ کہ موت کے وسیلہ سے بھی خدا کو اپنے کسی فرزند کی عدالت کرتے ہوئے دیکھا ہے؟

☆۔ آپ کیسے کہہ سکتے ہیں کہ فلاں شخص ایک ایسے گناہ کا مرتکب ہوا ہے جس کا نتیجہ موت ہے؟

☆۔ کس طرح ایک باغی ایماندار کی موت کلیسیا میں خدا کے جلال کا باعث ہوتی ہے؟

☆۔ ہماری دانستہ بغاوت کے نتیجہ میں خداوند کی طرف سے موت اور نجات کھو دینے کے درمیان کیا فرق پایا جاتا ہے؟

☆۔ کیا یہ ممکن ہے کہ خدا ہمارے بدنوں کو فنا کر دے اور پھر بھی ہم سے محبت کرے؟

دُعائیہ نکات

☆۔ کیا آپ کسی ایسے ایماندار کو جانتے ہیں جو دانستہ طور پر خدا کے خلاف باغیانہ روّیہ اختیار کر کے اس سے دور چلا گیا ہے؟ کچھ لمحات کے لئے دُعا کریں کہ خدا اُس شخص پر رحم کرے اور اُسے واپس لائے۔

☆۔ خدا سے درخواست کریں کہ وہ آپ کو دانستہ طور پر اپنے کلام کے خلاف بغاوت سے بچائے۔ اُس سے درخواست کریں کہ وہ ہمیشہ آپ کے دل کو اپنے لئے اور اپنے کلام کے لئے نرم رکھے۔

☆۔ اِس بات کے لئے شکر گزاری کریں کہ ہمارے پاس فتح مند مسیحی زندگی گزارنے کے لئے سب کچھ دستیاب ہے۔

یوحنا کے دوسرے خط کا تعارف

مصنف

اگرچہ اس خط میں مصنف کے نام کا ذکرنہیں پایا جاتا، تاہم زیادہ تر یہی سمجھا اور قبول کیا جاتا ہے کہ یوحنا ہی اِس خط کا مصنف ہے۔ مصنف یعقوب رسول کا بھائی،(متی 2:10.21:4)اور زبدی کا بیٹا تھا جو کہ پیشہ کے اعتبار سے ماہی گیر تھا۔ (مرقس 20:1)

جب خداوند یسوع مسیح نے متی 4:21-22 میں اسے اور اس کے بھائی کو اپنے پیچھے چلنے کے لئے بلایا تو وہ اپنے باپ اور جالوں کو چھوڑ کر اُس کے پیچھے ہو لئے اور اُس کے شاگرد بن گئے۔

یوحنا خداوند یسوع کا قریبی دوست تھا اور اسے خداوند یسوع مسیح کی زندگی کے خاص لمحات میں اُس کے ساتھ ہونے کا شرف بھی حاصل ہوا۔ (مرقس 5 : 37، متی 1:17,37:26)خداوند یسوع کے مُردوں میں سے جی اُٹھنے کے بعد یوحنا رسول نے پطرس رسول کے ساتھ مل کر یروشلیم میں کلیسیا کے راہنما کے طور پر خدمت گزاری کے کام میں وقت گزارا۔(اعمال 4:1-3،1:3)

تاریخی لحاظ سے اِس بات پر ایمان رکھا جاتا ہے کہ اُس نے افسس میں خدمت گزاری کا کام کیا۔تاہم بائبل مقدس میں اِس کا ذِکرنہیں پایا جاتا۔

پس منظر

اِس خط میں ایک برگزیدہ بہن کو مخاطب کیا گیا ہے۔ اِس خاتون کی پہچان غیر واضح ہے ،اس لئے بہت سے مفسرین اِس بات پر متفق ہیں کہ یہ اصطلاح کلیسیا کو مخاطب کرنے کے لئے استعمال کی گئی ہے۔ تاہم یہ خط ایمانداروں کے درمیان پائی جانے والی جھوٹی تعلیمات کے خطرے سے آگاہ کرنے کے لئے لکھا گیا۔

اس خط کا مقصد ان کی حوصلہ افزائی کرنا تھا تاکہ وہ ایک دوسرے سے محبت بھرا روّیہ اپنانے کے لئے اُبھارتا ہے۔

خط میں یوحنا اپنے قارئین کرام کو یہ بھی بتاتا ہے کہ وہ اُن کے ہاں آنے کا پروگرام بنا رہا ہے، اور پھر روبرو اور بالتفصیل بات چیت ہوگی۔

دَورِ جدید میں خط کی اہمیت

یوحنا کا دوسرا خط قارئین کو ''مسیح کی تعلیم'' کی طرف لے جاتا ہے۔(9 آیت)اور پھر وہ پرانا حکم جس میں خدا اور ہمسایہ سے محبت کرنے کے بارے میں کہا گیا ہے۔ (5 آیت)خط کی چودہ مختصر آیات میں یوحنا ہم پر مسیحی زندگی کے وہ اہم بنیادی اجزأ ظاہر کرتا ہے۔

خدا اور اپنے ہمسایہ سے محبت اور خدا کے کلام کی تابعداری میں چلنا۔ یہی فتح مند مسیحی زندگی کا راز ہے۔

دورِ جدید میں ہم نے مسیحی زندگی کو بہت پچیدہ بنا دیا ہے۔ یوحنا رسول اپنے اِس مختصر خط میں ہماری توجہ بنیادی باتوں کی طرف مبذول کرواتا ہے۔

ہم اُسے نئے طور سے پڑھتے ہوئے اُس کی بنیادی تعلیم کی روشنی میں اپنی زندگی کا جائزہ لیں گے۔

محبت میں چلیں

2۔ یوحنا 1-6 پڑھیں

یوحنا اس خط میں اپنا تعارف ایک بزرگ کے طور پر کرواتا ہے۔ (1 آیت) اُس نے ارادی طور پر اپنے کسی بھی خط میں اپنے نام کا ذکر نہیں کیا۔ ظاہر ہے کہ وہ اِس قدر معروف شخصیت ہے کہ اُسے اپنے نام کا ذکر کرنے کی ضرورت نہیں ہے۔ یہاں پر اُس کا توجہ اپنی ذات پر مرکوز نہیں ہے۔ وہ یہ دوسرا خط ایک بزرگ کے طور پر لکھتا ہے۔

اِس خط میں برگزیدہ بی بی کا مخاطب کیا گیا ہے۔ ہمیں پورے طور پر اِس خاتون کی جان پہچان نہیں کروائی گئی۔

بعض مفسرین اس شخص کو واقعی ایک عورت کے طور پر دیکھتے ہیں جسے یوحنا رسول بڑے اچھے طریقہ سے جانتا تھا۔ دیگر مفسرین کا یہ ایمان ہے کہ یوحنا یہ خط ایک خاص کلیسیا کو لکھ رہا ہے جس کا ذکر یہاں پر ایک عورت کے طور پر کیا گیا ہے۔ یہاں پر اُس کے بچوں سے مراد اُس کے کلیسیائی اراکین ہیں۔

متن سے ہم اِس بات کو سمجھتے ہیں کہ یوحنا رسول ایمانداروں کی ایک جماعت سے مخاطب ہے۔

6-4 میں وہ اُنہیں ایک دوسرے سے محبت بھرا رویہ اختیار کرنے کے لئے ابھارتا ہے۔

11-7 آیات میں وہ اُن کے درمیان پائے جانے والے جھوٹے اُستادوں سے نبرد آزما ہونے کے لئے اُنہیں کچھ ہدایات دیتا ہے۔ یہ اِس بات کی طرف اشارہ ہے کہ

وہ ایک کلیسیا کو یہ خط لکھ رہا ہے۔
انہیں ایک دوسرے سے محبت کرنے کے لئے اُبھارنے سے قبل یوحنا اپنے قارئین کرام کو یاد دلاتا ہے کہ اُن سے کس قدر محبت کی گئی تھی۔ وہ اُنہیں اُس محبت کی یاد دلاتا ہے جو وہ شخصی طور پر اُن کے لئے اپنے دل میں رکھتا ہے۔ اُن کے لئے اُس کی محبت ''سچائی کے سبب'' سے ہے۔ (1 آیت)
سچائی سے محبت کرنے کا کیا مطلب ہے؟
اِس کا سادہ سا مطلب یہ بھی ہے کہ وہ اُنہیں بے ریاہ محبت کرتا ہے۔ اُن کے لئے اُس کے دل میں خالص محبت پائی جاتی ہے۔
دوسری آیت سے ہم یہ بات سمجھتے ہیں کہ سچائی ایک ایماندار کے دل میں موجود ہوتی ہے۔ وہ سچائی جس کا ذکر یہاں پر کیا گیا ہے، کیا اِس سے مراد مسیح کا پیغام اور اُس کا تشخص ہے؟
کیا یوحنا اپنے قارئین کرام کو یہ بتا رہا ہے کہ وہ مسیح میں اُن سے محبت رکھتا ہے؟
اُن کے لئے اُس کی محبت دُنیاوی محبت نہیں ہے۔ یہ تو اُس میں مسیح کی محبت ہے۔
یوحنا رسول نہ صرف ایمانداروں کی اِس جماعت سے محبت رکھتا تھا بلکہ وہ سب بھی محبت رکھتے تھے جو حق سے واقف تھے۔ (1 آیت)
یوحنا رسول یہ بیان کر رہا ہے کہ وہ سب جو خداوند یسوع مسیح کی سچائی سے واقف ہیں ایک دوسرے کے ساتھ محبت کے بند میں بندھے ہوئے ہیں۔ یسوع ہم میں رہتا ہے۔ اِس سچائی کے سبب ہم بھائیوں سے ایسی محبت رکھتے ہیں جس طرح کہ وہ ہم سے محبت رکھتے ہیں۔ غور کریں کہ یوحنا رسول ہمیں دوسری آیت میں بتاتا ہے کہ یہ سچائی ہمیشہ ساتھ رہے گی۔ خداوند یسوع مسیح ہمیں کبھی نہیں چھوڑے گا۔ ہم اُس کی کبھی جدا نہ

ہونے والی حضوری کے بارے پر یقین ہو سکتے ہیں۔

مذکورہ حوالہ میں یوحنا حوصلہ افزائی کے کچھ اور الفاظ لکھتا ہے۔ وہ ہمیں بتاتا ہے کہ خدا باپ اور خداوند یسوع مسیح کا فضل، رحم اور اطمینان، محبت اور سچائی سمیت ہمارے ساتھ رہے گا۔ خدا کے فضل سے مراد اُس کی وہ شفقت اور محبت ہے جو وہ اُن لوگوں پر کرتا ہے جو اُس کے مستحق بھی نہیں ہوتے۔

اُس کے رحم سے مراد اُس کی شفقت اور صبر ہے جو ہمارے ساتھ ہے۔ اطمینان اِس بات کو جاننے کا نتیجہ ہے کہ انسان اور خدا کے درمیان پائے جانے والی جدائی کی دیوار ختم ہو چکی ہے۔ اور خدا اپنے لوگوں کی ہر اُس ناگوار صورتحال میں فکر کرتا ہے۔ جن سے اُنہیں اپنی زندگی میں دوچار ہونا پڑتا ہے۔ بطور ایماندار، سب کچھ ہمارا ہے۔ غور کریں کہ یوحنا رسول یہ بیان کر رہا ہے کہ محبت اور سچائی سے یہ سب چیزیں ہماری ہیں۔ یعنی یہ سب چیزیں ہمیں خداوند یسوع مسیح کے تعلق سے سچائی کو جاننے اور ہمارے لئے اس کی عظیم محبت کے وسیلہ سے ملی ہیں۔

ایمانداروں کی حوصلہ افزائی کرنے کے بعد، یوحنا رسول اپنے خط کے پہلے چیلنج کی طرف بڑھتا ہے۔ اُس کا نقطہ نظر بہت مثبت ہے۔ وہ اُنہیں بتاتا ہے کہ اُسے یہ جان کر بڑی خوشی ہوئی ہے کہ اِس جماعت کے کچھ ایمانداروں کو سچائی میں چلتے ہوئے پایا۔ (4 آیت)

یوحنا چاہتا تو اِس بات کو یوں بھی بیان کر سکتا تھا۔ وہ اظہارِ غم کے ساتھ بیان کر سکتا تھا کہ اُس کے سب بچے سچائی میں نہیں چل رہے۔ اِس بات سے ہمیں یوحنا کی شخصیت کے بارے کچھ معلوم ہوتا ہے کہ وہ بہت محبت کرنے والا اور ترس کھانے والا شخص ہے۔ اُس کی توجہ اچھی اور بھلی چیزوں پر ہے۔ تاہم یہ بات کہنے سے، یوحنا موجودہ صورت

حال کی حقیقت کو نظر انداز کرتا ہے۔ وہ اپنے قارئین کرام کو یاد دلاتا ہے کہ اُنہیں محبت سے چلنا ہے۔

غور کریں کہ یوحنا ایمانداروں کے لئے اِس چیلنج میں خود کو بھی شامل کرتا ہے۔ وہ چھٹی آیت میں لفظ ''ہم'' استعمال کرتا ہے۔ اور محبت یہ ہے کہ ہم اُس کے حکموں پر چلیں۔''

یوحنا رسول نے بڑے ہمدردانہ روّیہ سے اپنے قارئین کرام کو یاد دلایا ہے کہ خدا نے کس قدر اُن سے محبت رکھی ہے۔

اب وہ اُنہیں یہ بتاتا ہے کہ وہ خدا جس نے اُن سے اِس قدر محبت رکھی، اُنہیں بھی اُس سے کس قدر محبت رکھنے کی ضرورت ہے۔ اِس محبت کا اظہار اُن کی زندگی سے دو طرح سے ہوگا۔

اول۔ اگر اُن کی زندگی میں خدا کی محبت ہے، تو وہ ایک دوسرے سے محبت رکھیں گے۔ یوحنا رسول نے اپنے پہلے خط میں اس بات کو بیان کیا ہے کہ وہ لوگ جو خدا سے محبت کا دعویٰ کرتے ہیں۔ لیکن اپنے بھائی سے محبت نہیں کرتے جھوٹے ہیں۔ اگر خدا اُن کے دلوں میں سکونت کرتا ہے تو پھر اُن کے دل اپنے اردگرد کے لوگوں کے لئے محبت سے معمور ہو جائیں گے۔

یوحنا رسول کے دل کی یہ آرزو ہے کہ وہ ایمانداروں کو محبت کے اس فہم اور پہچان میں ترقی کرتا ہوئے دیکھے۔ وہ اُن کی زندگی میں بڑے وسیع پیمانے پر محبت کا اظہار دیکھنے کا آرزومند ہے۔

دوئم۔ اگر خدا کی محبت اُن کے دلوں میں ہے تو وہ اُس کے حکموں کی تابعداری میں زندگی بسر کریں گے۔ وہ یہاں پر اُنہیں یہ بتاتا ہے کہ اگر وہ خدا سے محبت رکھتے ہیں تو وہ اُس کی تابعداری بھی کریں گے۔

خدا کے کلام کی نافرمانی صرف اور صرف ایک ہی چیز کو ثابت کرتی ہے۔ اور وہ خدا کے لئے محبت کا فقدان (کمی) ہے۔ لوگ خدا کے لئے اپنی محبت کو اِس ترازو میں تول سکتے ہیں کہ وہ کس قدر اُس کے فرمانبردار ہیں۔

وہ جو خدا سے محبت رکھتے ہیں، کبھی بھی تابعداری کی قیمت کو خاطر میں نہیں لائیں گے۔ اپنے خداوند اور نجات دہندہ کی خوشنودی کے حصول کے لئے وہ اپنی زندگی تک نچھاور کر دیں گے۔ دنیاوی مال و اسباب، جائیداد و املاک، عزت، شہرت او وقار اور ایسی ہی دیگر چیزیں سب کچھ قربان کر دیں گے۔ مگر خدا کی نافرمانی نہیں کریں گے۔

خداوند یسوع مسیح کو اُن کی زندگی میں اوّل درجہ ملے گا

برگزیدہ بی بی اور اُس کے بچوں کے لئے یوحنا رسول کا پہلا چیلنج یہ ہے کہ وہ محبت میں چلیں۔ ظاہری بات ہے کہ اِس جماعت میں تعلقات کے حوالہ سے کوئی مسئلہ تو تھا۔ وہ آپس میں ایک دوسرے سے کس قدر محبت رکھتے تھے۔

اور دوسری بات یہ ہے کہ وہ خدا کے کلام کی کس قدر تابعداری کرتے ہیں، اِس بات سے وہ پرکھ سکتے تھے کہ وہ کس قدر محبت میں چل رہے ہیں۔ یہ چیلنج آج ہمیں بھی در پیش ہے۔ کیا آپ کی کلیسیا کا امتیازی نشان محبت ہے؟

کیا اِس محبت کا اظہار آپ کی ایک دوسرے سے محبت اور خدا کے کلام کی تابعداری سے از خود ہوتا ہے؟ آپ کی شخصی صورتحال اِس سلسلہ میں کیسی ہے؟ کیا برگزیدبی بی کو دیا گیا یوحنا رسول کا چیلنج خداوند یسوع کے ساتھ آپ کے رشتہ میں آپ سے ہم کلام ہے؟

کلام کے اِس حصہ میں آپ نے جو کچھ دیکھا ہے، اُس پر غور کریں۔ خداوند کو موقع دیں کہ وہ آپ کی زندگی کے کسی مخصوص حصہ کی نشاندھی کرے جہاں تبدیلی کی ضرورت ہے۔

چند ایک غور طلب باتیں

☆۔کیا آپ محبت میں چل رہے ہیں؟ کیا آپ اپنی زندگی میں اپنے بھائی اور بہن کیلئے محبت کے ثبوت کو دیکھتے ہیں؟

☆۔غور کریں کہ اِس خط میں یوحنا رسول کا رویہ کس قدر پر شفقت ہے۔آپ کا رویہ کیسا ہے؟ کیا آپ کلام کے اِس حصہ میں یوحنا رسول کے روّیہ سے کچھ سیکھتے ہیں؟

☆۔خداوند یسوع مسیح کی تابعداری کے لئے آپ کون سی قیمت ادا کرنے کے لئے تیار ہیں؟

☆۔آپ کی تابعداری کس طور سے اِس بات کا اظہار کرتی ہے۔کہ آپ خداوند یسوع مسیح سے بہت پیار کرتے ہیں؟

دُعائیہ نکات

☆۔کیا کوئی ایسا شخص ہے جس سے محبت کرنے میں آپ کو دشواری کا سامنا کرنا پڑتا ہے۔خدا سے درخواست کریں کہ وہ آپ کو اس شخص سے ایسی محبت کرنے کا فضل اور توفیق دے جیسی محبت وہ اُن سے کرتا ہے۔

☆۔دُعا کریں کہ خداوند آپ کو شفقت اور محبت کی وہی روح عطا کرے جو اُس نے یوحنا رسول کو بخشی تھی۔

☆۔اُس شفقت کے لئے خداوند کی شکرگزاری کریں جو اُس نے اُس وقت ظاہر کی جب آپ گناہ میں گر گئے تھے۔

خداوند سے دعا کریں کہ وہ آپ کو اپنے کلام کی اور بھی زیادہ تابعداری کرنے کا فضل اور توفیق بخشے۔

تعلیم پر قائم رہنا

2۔ یوحنا 7-13

دوسرے خط کے پہلے حصہ میں یوحنا رسول برگزیدہ بی بی کو محبت میں چلنے کیلئے اُبھارتا ہے۔اَب وہ اُسے ایک دوسری بات کے لئے اُبھارتا ہے۔وہ اپنی بات کا آغاز اُسے یہ بات یاددلانے سے کرتا ہے کہ اُس دنیا میں بہت سے گمراہ کرنے والے ہیں۔ظاہری بات ہے کہ یہ گمراہ کرنے والے اِس جماعت کی ہم آہنگی کے لئے ایک خطرے کی گھنٹی تھے۔

یوحنا رسول یہ کہتا ہے کہ ان گمراہ کرنے والوں کو پہچانا جا سکتا ہے۔کیوں کہ وہ اِس بات کا اقرار نہیں کرتے کہ خداوند یسوع مسیح مجسم ہو کر اس دنیا میں آیا۔آئیں تفصیل کے ساتھ اِس بیان کو دیکھیں۔

یوحنا رسول پہلے خط میں اُن لوگوں کا ذکر کرتا ہے جو اِس بات کا اقرار کرتے ہیں کہ یسوع مجسم ہو کر اِس دُنیا میں آیا۔(1 یوحنا 4:2-3)اِس کا کیا مطلب ہے؟

سطعی طور پر تو یوں لگتا ہے کہ اِس کا معنی ہے یسوع کا ابن خدا کے طور پر اقرار کرنا کہ اُس نے انسانی شکل اختیار کی اور اس دُنیا میں رہا۔تاہم ”یسوع کے مجسم ہو کر آنے سے بھی بڑھ کر کسی بات کا اقرار کرنے کی ضرورت ہے۔(آیت 7)

شیطان اِس زمین پر خداوند یسوع مسیح کی موجودگی کی تاریخی حقیقت کو تسلیم کرتا ہے۔ وہ شخص جو ''خداوند یسوع مسیح کے مجسم ہونے'' کا اقرار کرتا ہے وہ اِس وجہ کو بھی قبول کر لے گا جس کے لئے وہ مجسم ہوا۔ وہ ہمیں ہمارے گناہوں سے مخلصی دینے کے لئے اِس دُنیا میں مجسم ہو کر آیا۔ وہ ہمیں شیطان اور موت پر فتح دینے کے لئے اِس دُنیا میں آیا۔ یسوع کے مجسم ہونے پر ایمان رکھنا، اس بات کا اقرار کرنا ہے کہ شیطان اور موت پر فتح کے لئے وہ ہماری واحد اُمید ہے۔

وہ لوگ جو کلی طور پر خداوند یسوع مسیح کا بطور مسیح اقرار کرتے ہیں، اُسے اپنا خداوند مانتے ہوئے اپنی زندگی اُس کے تابع کر دیتے ہیں۔ جو کچھ خداوند یسوع مسیح نے صلیب پر سرانجام دیا ہے اُس کے بدلہ میں کوئی بھی قربانی یا ذبیحہ ہم اُسے پیش نہیں کر سکتے۔

وہ لوگ جو مسیح کے تجسم پر ایمان رکھتے ہیں، اپنی زندگی، ذہن، بدن اور روحیں اس کے تابع کر دیتے ہیں۔ وہ اپنے آپ کو اُس کے تابع کرتے ہوئے اُس قربانی کو قبول کر لیتے ہیں۔ جو اُس نے اُن کے گناہوں کی معافی کے لئے صلیب پر دی تھی۔

یوحنا رسول اپنے قارئین کرام کو اِس بات سے خبر دار کرتا ہے کہ وہ لوگ جو اس طور سے خداوند یسوع مسیح کو قبول نہیں کرتے، دھوکہ باز اور گمراہ کرنے والے ہوتے ہیں۔ بلکہ

وہ یہاں تک کہتا ہے کہ وہ مخالف مسیح ہیں۔

گمراہ کرنے والوں کا ایک اور وصف بھی ہے۔ 9ویں آیت میں یوحنا ہمیں بتاتا ہے کہ ''وہ جو مسیح کی تعلیم پر قائم نہیں رہتا، اُس کے پاس خدا بھی نہیں ہے۔'' یہاں یہ بات قابلِ ذکر ہے کہ تمام مسیحی لوگوں کے ایک جیسے عقائد نہیں ہوتے۔ بلکہ وہ بائبل مقدس کی تعلیمات کے تعلق سے معمولی قسم کا اختلاف رائے بھی رکھتے ہیں۔ تاہم یوحنا یہاں پر یہ بیان کر رہا ہے کہ یسوع کے تشخص اور کلام کے حوالہ سے کسی قسم کو کوئی تضاد اور تنازعہ نہیں ہونا چاہئے۔ حقیقی ایماندار اِس بات کا اقرار کریں گے کہ یسوع ابنِ خدا ہے اور ہمارے گناہوں کے لئے ایک کامل قربانی کے طور پر صلیب پر قربان ہوا۔

وہ قبر پر فتح پا کر زندہ ہو گیا اور اب عالمِ بالا پر باپ کے ساتھ بادشاہی کرتا ہے۔ اَب وہ اُن سب کو لینے کے لئے آ رہا ہے جنہوں نے اُسے قبول کر لیا ہے کہ ہمیشہ اُس کے ساتھ رہیں۔

ابدی زندگی کے لئے صرف اور صرف اُس کا صلیب پر کیا ہوا کام ہی ہماری واحد اُمید ہے۔ اُن لوگوں سے خبردار رہیں جو اُس تعلیم کے علاوہ کس اور قسم کی تعلیم دیتے ہیں۔ ایسے لوگ گمراہ کرنے والے ہوتے ہیں۔ مسیح کے تعلق سے تعلیم ہی گمراہ کرنے والوں

کی پہچان ہے۔

ہمارے سارے ایمان کا مرکز و محور مسیح کا تشخص اور اُس کا صلیب کا پیغام ہے۔ جب کہ بہت سی ایسی تعلیمات ہیں جو بطور ایماندار ہمیں تقسیم کرسکتی ہیں۔لیکن خداوند یسوع مسیح کے صلیبی کام اور تشخص کے تعلق سے ہم پورے طور پر باہم متفق ہیں۔

ہم کس طرح گمراہ کرنے والوں کو پہچان سکتے ہیں؟ ہمیں یہ بتانے کے بعد یوحنا رسول اَب ہمیں گمراہ کرنے والوں کے کام کے تعلق سے بھی آگاہ کرتا ہے۔8ویں آیت کے مطابق وہ ہمیں ہمارے اَجر سے بھی محروم رکھ سکتے ہیں۔ یہ اجر اُن لوگوں کو ہی ملتے ہیں جو آخر تک وفادار رہتے ہیں۔

مکاشفہ کی کتاب کے دوسرے اور تیسرے باب میں غالب آنے والی کلیسیاؤں کی وفاداری کے پیش نظر اُن سے اَجر کا وعدہ کیا گیا ہے۔ پولس رسول 1 کرنتھیوں 13:11-15 میں اِس اَجر کا ذکر کرتے ہیں۔

"کیوں کہ سوا اُس نیو کے جو پڑی ہوئی ہے اور وہ یسوع ہے، کوئی شخص دوسری نہیں رکھ سکتا۔اور اگر کوئی اُس نیو پر سونا ، یا چاندی یا بیش قیمت پتھروں یا لکڑی یا گھاس یا بھوسے کا ردا رکھے تو اُس کا کام ظاہر ہو جائے گا۔کیوں کہ جو دن آگ کے ساتھ ظاہر ہوگا وہ اس کا کام بتادے گا۔اور وہ آگ خود ہر ایک کا کام بتادے گی کہ کیسا ہے۔جس

کا کام اس پر بنا رہے گا اور وہ اَجر پائے گا۔اور جس کا کام جل جائے گا، وہ نقصان اٹھائے گا۔لیکن خود بچ جائے گا مگر جلتے جلتے۔''

مقدس پولس رسول ہمیں یہاں پر وہ اَجر یاد دلاتے ہیں جو ان کو ملے گا جو وفاداری سے خداوند یسوع مسیح کی خدمت کرتے ہیں۔بعض ایسے بھی ہونگے جن کا کام خدا کی عدالت کی آگ میں قائم نہ رہ سکے گا۔وہ اپنا اجر کھو سکتے ہیں لیکن خود بچ جائیں گے۔ ''لیکن جلتے جلتے''ہمیں معلوم نہیں کہ ملنے والے اَجروں کی نوعیت کیسی ہوگی۔پس یہ کہنا ہی کافی ہے کہ اُس اجر کو کھو دینا بھیانک بات ہوگی۔

یوحنا اِس خط میں برگزیدہ بہن کو یہ کہہ رہا ہے کہ یہ جھوٹے استاد اور گمراہ کرنے والے مرد وزن کو گمراہ کر سکتے ہیں۔تا کہ وہ آسمان پر اپنا اجر کھو دیں۔

اِن گمراہ کرنے والوں کے ہاتھوں میں یہ اختیار پایا جاتا ہے کہ یہ کسی بھی شخص کی روحانی زندگی کو برباد کر سکتے ہیں۔وہ ہمیں ایمان کی راہ سے گمراہ کر سکتے ہیں۔

ہمیں اِن گمراہ کرنے والوں سے کس طرح نبرد آزما ہونا ہے؟ یوحنا رسول یہ کہتا ہے کہ نہ تو ہمیں ایسے لوگوں کو سلام کرنا چاہئے اور نہ ہی اُن کے بُرے کاموں میں شریک ہونا چاہئے۔

یہ لوگ کس قدر خطرناک ہوتے ہیں کہ یوحنا اپنے قارئین کرام کو خبردار کرتا ہے کہ اگر وہ

کبھی اُن کے گھروں میں آ جائیں تو وہ انہیں گھروں میں گھسنے نہ دیں اور نہ ہی کسی طرح سے اُن کی مہمان نوازی کریں۔ اِس آیت کی کم وبیش تین ممکنہ تشریحات ہیں۔

اول۔ بعض اس آیت کو اِس طرح ے لیتے ہیں کہ اگر جھوٹے نبی گھر کے دروازہ پر دستک دیں تو کلام مقدس آپ کو منع کرتا ہے کہ اُنہیں اندر آنے کی اجازت نہ دی جائے۔ جھوٹے اُستادوں کو اجازت دینے سے مراد اہلِ خانہ کے افراد کو اُن کی جھوٹی تعلیمات کے تابع کرنا ہے۔

اِس طرح آپ اُنہیں اپنے گھر میں جھوٹی تعلیم پھیلانے کا موقع دے دیں گے۔ یوحنا کہتا ہے کہ آپ کو ایسا نہیں کرنا۔

دوئم۔ بعض مفسرین یہاں پر ان ذرائع کی طرف بھی توجہ مرکوز کرواتے ہیں۔ جن سے جھوٹے اُستاد مدد حاصل کرتے ہیں۔ جھوٹے نبی شہروں میں موجود ایسے لوگوں پر انحصار کرتے ہیں جن کا معاشرے میں اثر ورسوخ اور چھا مقام ہوتا ہے۔ اور وہ ان کے ہاں پناہ بھی لیتے ہیں اور اپنی خوراک اور دیگر ضروریات زندگی بھی وہیں سے پوری کرتے ہیں۔

کیا یوحنا رسول یہ بیان کر رہا ہے کہ ہمیں جھوٹے نبیوں کو پناہ بھی نہیں دینی اور نہ کسی طو سے ان کی خاطر تواضع کرنی ہے؟ ایسا کرنے سے ہم اُن کی حوصلہ افزائی کریں گے

۔اِس سے ہم یہ سمجھتے ہیں کہ خدا نہیں چاہتا کہ ہم اِن لوگوں کی کسی طور سے بھی مدد کریں جو مسیح سے متعلق سچائی کی منادی نہیں کرتے۔

سوئم۔ دیگر مفسرین ہمیں یہ بات یاد دلاتے ہیں کہ ابتدائی دور کی کلیسیا مختلف اراکین کے گھروں میں رفاقت کے لئے اکٹھی ہوتی تھی۔ یوحنا رسول یہ کہہ رہا ہے کہ کلیسیا کو قطعی طور پر جھوٹے اُستادوں کو اجازت نہیں دینی چاہئے کہ وہ جماعت میں چپکے سے گھس کر جھوٹی تعلیمات کی منادی کرنا شروع کر دیں۔ ہمارے لئے یہ بات قابلِ غور اور اہم ہے کہ یوحنا ہمیں یہ حکم دے رہا ہے کہ جھوٹے اُستادوں کے تعلق سے بہت ہی محتاط رہیں۔

وہ ہمیں اِس بات کے لئے اُبھار رہا ہے کہ ہم اُن لوگوں سے دور ہی رہیں۔ جو مسیح کے بارے میں سچائی کی تعلیم نہیں دیتے۔ وہ ہمیں یہ بھی کہہ رہا ہے کہ ہم غلط کاموں میں اُن کی کسی طور پر بھی معاونت نہ کریں۔ ہم قطعی طور پر اُنہیں اجازت نہ دیں کہ وہ ہمارے گھروں اور کلیسیاؤں میں جھوٹی تعلیمات کو پھیلائیں۔

ہمیں چاہئے کہ ایسے لوگوں کے لئے اپنے گھروں کے دروازے بند رکھیں اور قطعی طور پر انہیں اندر آنے کی اجازت نہ دیں۔ تاکہ وہ ہمارے بھائیوں اور بہنوں کو گمراہ کر کے انہیں اجر سے محروم نہ کر دیں جو اُنہیں خداوند یسوع مسیح کی وفاداری سے

خدمت کرنے پر ملے گا۔

یوحنا اِس خط کا اختتام اپنے قارئین کرام کو یہ بات یاد دلانے سے کرتا ہے کہ وہ انہیں شخصی طور پر ملنا چاہتا ہے۔ اسے اس بات کا مکمل یقین ہے کہ یہ رفاقت اُن کے لئے باہمی طور پر باعث برکت اور خوشی وخرمی کا باعث ہوگی۔

یہ اِس بات کی طرف اشارہ ہے کہ وہ ان سے کس قدر سچی محبت رکھتا ہے۔ نہ صرف یوحنا اُن سے محبت رکھتا ہے بلکہ وہاں کے بھائی اور بہنیں بھی اُس سے محبت رکھتے ہیں۔ جہاں پر یوحنا رسول اُس وقت عبادت اور پرستش کرتا تھا۔ اُن ایمانداروں نے بھی اِس خط میں اُنہیں سلام بھیجا ہے۔

چند ایک غور طلب باتیں

☆۔کیا آپ کے معاشرے میں جھوٹے اُستاد پائے جاتے ہیں؟ جو کچھ آپ نے یہاں پر سیکھا ہے اُس کی بنیاد پر بتائیں کہ کیوں آپ کو اُن لوگوں کو جھوٹے استاد کہنا چاہیئے؟

☆۔کیا جھوٹی تعلیمات دینے والے استادوں کو خداوند یسوع مسیح کے لئے جیتنے کے لئے دوست بنانے یا انہیں اُن کی تعلیمات کے ساتھ اپنے گھرانے کو گمراہ کرنے کی اجازت دینے میں فرق ہے؟ آپ کس طرح ایک توازن قائم کر پائیں گے؟

☆۔اِس مطالعہ سے آپ نے کون سی احتیاطی تدابیر سیکھیں ہیں جو آپ کو اپنانی چاہیئے تا کہ جھوٹے استاد آپ کو دھوکہ نہ دینے پائیں۔

دُعائیہ نکات

☆۔کیا آپ ایسے لوگوں کو جانتے ہیں جو جھوٹی تعلیمات کے پھندے میں پھنس چکے ہیں؟ چند لمحات کے لئے دُعا کریں کہ خداوند اُنہیں اِس پھندے سے رہائی بخشے۔

☆۔شفاعت کریں کہ خداوند اُنہیں دشمن کے اُن پرفریب حملوں سے محفوظ رکھے جو وہ کلام مقدس کی اِس تعلیم پر کرتا ہے جو خداوند یسوع مسیح کے تشخص اور کام کے بارے میں ہے تا کہ ہمارے ذہنوں کو دھندلا کر دے۔

☆۔دُعا کریں تا کہ خدا آپ کی کلیسیا میں جھوٹے اُستادوں کے گمراہ کن ہتھکنڈوں کو بے نقاب کرے۔

یوحنا کے تیسرے خط کا تعارف

مصنف

اگر چہ اِس خط میں مصنف کے نام کا ذکر نہیں پایا جاتا، تا ہم زیادہ تر یہی سمجھا اور قبول کیا جاتا ہے کہ یوحنا ہی اِس خط کا مصنف ہے۔ مصنف یعقوب رسول کا بھائی، (متی 4:21 .2:10)اور زبدی کا بیٹا تھا جو کہ پیشہ کے اعتبار سے ماہی گیر تھا۔ (مرقس 1:20)

جب خداوند یسوع مسیح نے متی 4:21-22 میں اُسے اور اُس کے بھائی کو اپنے پیچھے چلنے کے لئے بلایا تو وہ اپنے باپ اور جالوں کو چھوڑ کر اُس کے پیچھے ہو لئے اور اُس کے شاگرد بن گئے۔

یوحنا خداوند یسوع کا قریبی دوست تھا اور اُسے خداوند یسوع مسیح کی زندگی کے خاص لمحات میں اُس کے ساتھ ہونے کا شرف بھی حاصل ہوا۔

(مرقس 5:37، متی 17:1, 26:37) خداوند یسوع کے مُردوں میں سے جی اُٹھنے کے بعد یوحنا رسول نے پطرس رسول کے ساتھ مل کر یروشلیم میں کلیسیا کے راہنما کے طور پر خدمت گزاری کے کام میں وقت گزارا۔ (اعمال 4:1-3، 3:1)

تاریخی لحاظ سے اِس بات پر ایمان رکھا جاتا ہے کہ اُس نے افسس میں خدمت گزاری کا کام کیا۔ تا ہم بائبل مقدس میں اِس کا ذکر نہیں پایا جاتا۔

پس منظر

یوحنا اِس خط میں گُیس کو مخاطب کرتا ہے۔ کلام مقدس میں دو اور مقامات پر بھی اِس نام کا ذکر کیا گیا ہے۔ (رومیوں 16:23، 1 کرنتھیوں 1:14) یوحنا پہلی اور دوسری آیت میں اسے پیارے دوست کے طور پر مخاطب کرتا ہے۔ اور وفاداری سے خدمت کرنے اور پردیسیوں کی خدمت کرنے کے لئے اُس کی تعریف کرتا ہے۔ (5 آیت) یوں معلوم ہوتا ہے کہ گُیس کی صحت خراب تھی تو بھی وہ خداوند یسوع مسیح کی خدمت میں ثابت قدم اور قائم رہا۔ (2 آیت)

جس کلیسیا میں گیس کی رفاقت تھی، وہاں پر دیترفیس نام کا ایک شخص تھا۔ وہ متکبر شخص تھا۔ یہ بڑے بول بولنے والا اور دوسروں کے کام میں دخل اندازی کرنے والا شخص تھا۔ (9-10 آیات) یہ شخص رسولوں سے بھی کسی قسم کا سروکار نہ رکھتا تھا۔

یوحنا رسول نے گُیس کو اس کے تعلق سے خبردار کیا۔

اُس نے اُسے یہ بھی بتایا کہ وہ آ کر اُسے ملنا اور کلیسیا کو دیکھنا چاہتا ہے۔ اور آ کر درپیش مسائل حل کرے گا۔ یوحنا نے یہ خط گُیس کو دُیترفیس کو خداوند یسوع مسیح کی خدمت میں مخالفت کے پیشِ نظر اُس کی حوصلہ افزائی کرنے کے لئے لکھا۔

یوحنا دُیمتریس نام کے ایک شخص کی یہاں پر تعریف کرتا ہے۔ جس کی ہر کوئی تعریف کرتا تھا۔ اور یہ شخص سچائی پر بڑی مضبوطی سے قائم بھی تھا۔

ممکن ہے کہ یوحنا کا نکتہ یہ ہو کہ اُس وقت رفاقت کے لئے گیس کے پاس یہی ایک ہم خیال شخص موجود ہے۔ اور وہ اِسی خیال کے پیشِ نظر یہاں پر اُس کا ذکر کرتا ہے۔

دورِ جدید میں خط کی اہمیت

یوحنا رسول کا تیسرا خط ہم پر یہ بات واضح کرتا ہے کہ کلیسیا میں شروع ہی سے مسائل اور مشکلات چلی آ رہی ہیں۔ دیترفیس ایک دھاک جمانے والا اور مغرور شخص تھا۔ وہ سب سے بڑا بننا چاہتا تھا۔ اُس کی دلچسپی خدا کی بادشاہت نہیں بلکہ اپنی ذات اور مقام تھا۔ گُیس ایک وفادار مسیحی کارکن ہوتے ہوئے بھی اپنی ہی کلیسیا میں مخالفت کا سامنا کر رہا تھا۔

گُیس کے تعلق سے یوحنا کی فکر مندی ظاہر کرتی ہے کہ یوحنا مخلص ایمانداروں کیلئے بڑی محبت اور فکر مندی رکھتا تھا۔ جو کہ خداوند یسوع کی خدمت اور اپنی شخصی زندگیوں میں مشکلات سے دو چار تھے۔

ہم یہاں پر یہ بات بھی دیکھتے ہیں کہ مخالفت ہمیشہ باہر سے نہیں بلکہ بعض اوقات تو ہمیں کلیسیا کے اندر ہی سے قریب ترین ساتھیوں سے بھی مخالفت کا سامنا کرنا پڑتا ہے۔ ایسے حالات اور واقعات میں یوحنا گُیس کو ثابت قدم رہنے اور نیکی کا کام جاری رکھنے کے تعلق سے بے دل نہ ہونے کے لئے اُس کی حوصلہ افزائی کرتا ہے۔

یہ خط اپنی ضرورت کے وقت، رفاقت رکھنے کے لئے ہم خیال لوگ تلاش کرنے کی

اہمیت کو بھی ظاہر کرتا ہے۔ ڈُیتر فیس وفادار گُیس کے لئے بڑا معاون ثابت ہوا۔ جب وہ خداوند یسوع مسیح کی خدمت میں ثابت قدم رہا۔

گُیس

3۔یوحنا1-4

یوحنا رسول کے اس تیسرے خط میں گیس نام کے شخص کو مخاطب کیا گیا ہے۔ یوحنا نے اپنے پہلے دو خطوط میں ہمیں جو کچھ سکھایا ہے گُیساس کی ایک زندہ مثال ہے۔ گُیس یوحنا رسول کو ایک نہایت ہی عزیز دوست تھا۔

یوں محسوس ہوتا ہے کہ گیس کی صحت ٹھیک نہیں تھی۔ دوسری آیت میں یوحنا اس کی روحانی صحت کو سراہتے ہوئے اپنی نیک تمناؤں کے ساتھ دُعا کرتا ہے کہ اُس کی جسمانی صحت بھی روحانی صحت کی طرح اچھی ہو۔

ہم دیکھ رہے ہیں کہ ہمارے موجودہ دور میں جسمانی صحت پر بہت زیادہ زور دیا جا رہا ہے۔ہم جسمانی طور پر وزن بڑھ جانے یا موٹا ہو جانے پر فکرمند ہو جاتے ہیں۔سوال یہ ہے کہ ہم اپنی روحانی صحت پر کس قدر توجہ دیتے ہیں؟ گُیس کی روحانی صحت بہت اچھی تھی اگرچہ جسمانی صحت خراب نظر آتی ہے۔

گُیسکے تعلق سے ہم دوسری چیز یہ دریافت کرتے ہیں کہ وہ وفاداری سے ''سچائی میں چلنا'' جاری رکھتا ہے۔(آیت 3) سچائی میں چلنا محض سچائی پر ایمان رکھنا ہی نہیں ہے۔''چلنا'' سے مراد اس سچائی پر قائم رہنا ہے جس پر ہم ایمان رکھتے ہیں۔

ہوسکتا ہے کہ کوئی شخص سچائی پر ایمان رکھ کر اس پر نہ چلے۔ گیس نہ صرف سچائی پر ایمان رکھتا تھا بلکہ وہ اپنے شخصی تجربہ میں اُس کے مطابق زندگی بھی بسر کرتا تھا۔ جو کچھ وہ خداوند یسوع مسیح پر ایمان رکھتا تھا، وہ سب اُس کی روزمرہ زندگی کا حصہ بن چکا تھا۔ یہ بات اس کے ہر فیصلے پر اثر انداز ہوتی تھی جو وہ کرتا ہے۔ وہ دوسروں کے ساتھ کیسا رویہ اختیار کرتا تھا۔ جو کچھ وہ کہتا اور کرتا تھا اُس پر اس کا راَج ہوتا تھا۔ خدا ہم سے بھی اِس سے کم معیار کا تقاضا نہیں کرتا۔ مسیح کا رسول ہوتے ہوئے، مسیح کی سچائی کے لئے گُیس کی وفاداری دیکھ کر یوحنا رسول کا دل باغ باغ ہوتا ہے۔

یوحنا رسول گیس کے لئے اس خط میں موجود مرکزی پیغام کی طرف بڑھتا ہے۔ وہ مقدسین کی بڑی وفاداری سے خدمت اور مہمان نوازی کرنے پر اس کی تعریف کرتا ہے۔

یوں لگتا ہے کہ گُیس اپنے علاقہ میں سے گزرنے والے مشنریز کی دوران وزٹ ہر ممکن مدد کرتا رہا۔ یوحنا رسول 8 ویں آیت میں گیس کو اُس خدمت میں قائم اور وفادار رہنے کے لئے اُس کی حوصلہ افزائی کرتا ہے۔

خدا کے کام کی بڑھوتی اور ترقی کے لئے ہر قسم کے لوگوں کی ضرورت ہوتی ہے۔ کچھ خدمت کے لئے جانے والے جبکہ کچھ لوگ خدمت کی ضروریات کے لئے مالی وسائل

فراہم کرنے والے ہوتے ہیں۔

خدا نے گُیس کو بھی ایک دینے والے کے طور پر چنا۔ اُن سفر کرنے والے مشنریوں کے لئے اُس کی معاونت بہت حد تک حوصلہ افزائی کا باعث ہوئی۔ اُن میں سے بعض نے یوحنا کو بتایا کہ گُیس اُن کے لئے کس قدر معاون ثابت ہوا۔ یوحنا 7 ویں آیت میں بتایا ہے کہ یہ مشنری اس نام (یسوع مسیح) کے لئے نکلے ہیں۔

وہ صرف گُیس پر ہی ایمانداروں کی معاونت کے لئے انحصار کرتے تھے۔ یوحنا اس اچھے اور نیک کام کو جاری رکھنے کے لئے اُس کی حوصلہ افزائی کرتا ہے۔ ''تا کہ ہم بھی حق کی تائید میں اُن کے ہم خدمت ہوں۔'' (8 ویں آیت)

گُیس کی کلیسیا میں ایک مسئلہ تھا جو بعض اوقات گیس کے لئے اس مہمان نوازی کی خدمت میں رکاوٹ کا باعث ہوتا تھا۔ ایک شخص ہے جو اُس کی اُس خدمت کی مخالفت کرتا ہے۔ اس شخص کا نام دیترفیس ہے۔ جو کہ کلیسیا میں بڑا بننا چاہتا تھا۔ (آیت 9)

وہ ہر اس شخص مخالفت کرتا ہے جو اس کی طرف توجہ نہیں دیتا۔ بلکہ وہ رسولوں اور خدمت کے لئے نکلنے والے اُن مشنریوں کو بھی خاطر میں نہیں لاتا بلکہ وہ رسولوں اور مسیحی کارکنوں کے تعلق سے کینہ پروری پر مبنی افواہیں پھیلاتا ہے تا کہ اُن کی ساکھ (نیک نامی) خراب کرے۔

وہ اُس علاقہ میں آنے والے خدا کے خادموں اور اُستادوں کو خوش آمدید ہی نہیں کہتا۔ دُیترفیس نے آنے والے مشنری خادموں کو خوش آمدید کہنے والے لوگوں کو کلیسیا سے نکال دیا۔(آیت 10)

وہ اپنی دھاک بٹھانے والا شخص تھا۔ دیترفیس ایک تلخ مزاج اور مغرور شخص ہے۔ وہ کلیسیا میں خدا کے کلام کو بگاڑنے میں اہم کردار ادا کرنے کے لئے شیطان کا آلہ کار بنا ہوا تھا۔ یوحنا رسول کہتا ہے کہ وہ شخصی طور پر دیترفیس سے بات کرے گا کیوں کہ گُیس دُیترفیس کی وجہ سے مہمان نوازی کی اپنی اِس خدمت میں بے دل ہوتا جا رہا تھا یوں لگتا ہے کہ یوحنا رسول نے یہ خط دیترفیس کی بے دل کاوشوں کے باوجود اس نیک کام کو جاری رکھنے کیلئے اس کی حوصلہ افزائی کے لئے لکھا۔

کیا آپ بھی گیس کی طرح بے دل اور حوصلہ ہارے ہوئے ہیں۔ آپ مخالفت کی وجہ سے پیچھے ہٹ جانا چاہتے ہیں۔ اب آپ کو آگے بڑھنا بہت مشکل لگتا ہے۔ شاید آپ اِس مخالفت کو خدا کی طرف سے رُک جانے اور کسی اور خدمت کی جستجو کی علامت سمجھتے ہیں۔ شاید ایسی صورتحال میں یوحنا رسول کا گُیس کو لکھا گیا خط آپ کی حوصلہ افزائی کا باعث ہو۔

''ہم نیک کام کرنے میں ہمت نہ ہاریں، کیوں کہ اگر بے دل نہ ہونگے تو عین وقت پر

کاٹیں گے۔ پس جہاں تک موقع ملے سب کے ساتھ نیکی کریں۔ خاص کر اہلِ ایمان کے ساتھ۔'' (گلتیوں 6:9-10)

''اور تم اَے بھائیو نیک کام کرنے میں ہمت نہ ہارو۔'' (2 تھسلنیکیوں 3:13)

''کیوں کہ خدا کی یہ مرضی ہے کہ تم نیکی کر کے نادان آدمیوں کی جہالت کی باتوں کو بند کردو۔'' (1 پطرس 2:15)

میں گیس کو خدا کا ایسا وفادار خادم سمجھتا ہوں، جسے بہت زیادہ حوصلہ افزائی کی ضرورت تھی۔ یوحنا رسول خدمت کے کام میں خدا کے اُس بے دل اور حوصلہ ہارے ہوئے بھائی کی ہمت بندھانے کے لئے خدا کی طرف سے ایک وسیلہ بنا۔ یوحنا رسول کی حوصلہ فزاُ باتیں آپ کے لئے بھی حوصلہ افزائی کا باعث ہوں گی۔

یوحنا رسول ہمیں راستی پر چلنے کے لئے ایک نمونہ دیتا ہے۔ یہاں پر ہم یوحنا رسول کو ان باتوں پر عمل پیرا ہوتے ہوئے دیکھتے ہیں جن کی وہ منادی کرتا ہے۔ نہ صرف وہ ہمیں دوسروں سے محبت کرنے کی تعلیم دیتا ہے بلکہ اس کی زندگی اس تعلیم کا عملی نمونہ ہے۔

جب وہ دیکھتا ہے کہ ایک بھائی کو حوصلہ افزائی کی ضرورت ہے تو وہ کاغذ قلم لے کر اُسے حوصلہ افزائی کا خط لکھنے بیٹھ جاتا ہے۔ آپ کا روّیہ کیسا ہے؟

کیا آپ کے ذہن میں کوئی ایسا بھائی یا بہن ہے جسے کسی چیز کی ضرورت ہے؟

اُس شخص کے لئے آپ مسیح کی محبت کا کیسے عملی مظاہرہ کریں گے۔

یوحنا گیُس کو یاد دلاتا ہے کہ وہ دیترفیس کے غلط نمونہ پر نہ چلے۔ یوحنا رسول کے مطابق دیترفیس خدا کو نہیں جانتا۔ اگر وہ خدا کو جانتا ہوتا تو وہ نیکی کرتا۔ (11 آیت)

یوحنا رسول دیمتریس نام کے ایک شخص کی تعریف کرتے ہوئے اپنے خط کا اختتام کرتا ہے۔ وہ گیس کو بتاتا ہے کہ دیمتریس کے بارے سب نے اچھی گواہی دی ہے۔ اور وہ سچائی کے مطابق زندگی بسر کرتا ہے۔ اِس مقام پر یوحنا دیمتریس کا ذکر کیوں کرتا ہے؟

بعض مفسرین کہتے ہیں کہ دیمتریس ہی وہ شخص ہے جس نے یوحنا رسول کا یہ خط گیس کو پہنچایا تھا۔ بعض کہتے ہیں کہ دیمتریس نے دیترفیس کے بارے سب کچھ یوحنا رسول کو بتایا تھا۔ اور اب وہ گیُس سے اُس کے بارے تصدیق کرنا چاہتا تھا۔

جب کہ ہم نہیں جانتے کہ یوحنا رسول نے اِس مقام پر دیمتریس کا ذکر کیوں کیا ہے۔ تاہم معلوم ہوتا ہے کہ گیس تنہا نہیں ہے، دیمتریس کی صورت میں ایک حقیقی ایماندار موجود ہے جس کے ساتھ وہ رفاقت رکھ سکتا ہے۔

یوحنا رسول گیُسکو یاددلاتا ہے کہ وہ اس کے پاس جلد آنے کی اُمید رکھتا ہے۔ تب وہ اُسکے پاس آکر روبرو بات چیت کرے گا۔ وہ دوسرے ایمانداروں کی طرف سے بھی

اُسے دُعا سلام بھیجتا ہے۔ اور کہتا ہے کہ وہ اپنے دوستوں کو نام بنام سلام کہے۔

یہ خط اِس بات کا عملی نمونہ ہے کہ یوحنا رسول کیسے دوسروں سے محبت کرنے کی تعلیم کو عملی جامہ پہناتا ہے۔ اِس خط سے ہمیں اِس بات کی یقین دہانی بھی ہوتی ہے کہ خداوند سے وفاداری بعض اوقات دکھوں کا تقاضا بھی کرے گی۔

کبھی ایسا وقت بھی آ سکتا ہے جب ہم بہت ذیادہ ذہنی دباؤ کا شکار ہو جائیں گے۔ مسیح کے بدن میں ہمیں ایک دوسرے کی ضرورت ہے۔ گیُس کی خدمت واقعی یوحنا رسول کے لئے حوصلہ افزائی اور شادمانی کا باعث ہے۔ اور وہ اُس کے بدلہ میں اپنے اِس ضرورت مند بھائی کی ہمت بندھانا چاہتا ہے۔

وہ ایمان میں ایک دوسرے کی باہم تعمیر و ترقی کرتے ہیں۔ میری دُعا ہے کہ یہ بات ہمارے لئے بھی اِس دور میں ایک عملی حقیقت بن جائے۔

چند ایک غور طلب باتیں

☆۔ کیا آپ کے اِرد گرد کچھ ایسے خادم ہیں جنہیں اُن کی خدمت میں حوصلہ افزائی کی ضرورت ہے؟ آپ اُن کی حوصلہ افزائی کے لئے کون سا عملی قدم اُٹھائیں گے؟

☆۔ کیا آپ کی ملاقات دیترفیس جیسے شخص سے ہوئی ہے؟

☆۔ کیا آپ نے کبھی اپنے آپ کو دیترفیس جیسی صورت حال میں پایا ہے۔ کہ آپ بھی متکبر اور دوسروں کی خدمت کو اپنی خدمت سے زیادہ پھلتے پھولتے دیکھ کر حسد سے بھر گئے ہوں۔؟ ایسے روّیہ کی اصل وجہ کیا ہوتی ہے؟

☆۔ کلام مقدس کا یہ حصہ بھی ہمیں ایک دوسرے کی ضرورت کے تعلق سے کیا سکھاتا ہے؟

دُعائیہ نکات

☆ اپنی کلیسیا کے اس شخص کی خدمت کے لئے شکر گزاری کریں جو پس پردہ کام کرتے ہوئے باعث برکت ہے۔

☆ کیا آپ کسی ایسے شخص کے بارے میں جانتے ہیں جو خدمت کے کام میں بے دل اور حوصلہ ہار چکا ہے؟

☆ چند لمحات کے لئے اُس شخص کے لئے دُعا کریں تا کہ خداوند اسے اُٹھا کھڑا کرے۔

☆ اِس حوصلہ افزائی اور معاونت کیلئے خداوند کی شکر گزاری کریں جو اُس نے آپ کو دوستوں اور مسیح میں ہم ایمان لوگوں کے وسیلہ سے بخشی ہے۔

یہوداہ کا تعارف

مصنف

یہوداہ بارہ شاگردوں میں سے ایک شاگرد تھا۔ اِس سے بڑھ کر اِس کے بارے میں کوئی زیادہ معلومات دستیاب نہیں ہیں۔

لوقا 16:6 میں اُسے یہوداہ بطور یعقوب کا بھائی بیان کیا گیا ہے۔ تاکہ اُس کی پہچان یہوداہ اسکریوتی سے ہٹ کر ہو جس نے خداوند یسوع مسیح کو پکڑوا بھی دیا تھا۔

متی 55:13 سے یہ بات ظاہر ہوتی ہے کہ یہ مریم کا بیٹا تھا جو کہ خداوند یسوع مسیح کی ماں تھی اِس طرح وہ خداوند یسوع مسیح کا زمینی بھائی بھی ٹھہرتا ہے۔

پس منظر

یہوداہ یہ خط بلائے ہوؤں کو لکھتا ہے جو خدا باپ میں عزیز اور یسوع مسیح میں محفوظ ہیں۔ بالعموم یہ خط ایک عام خط دکھائی دیتا ہے۔ جو کہ سب ایمانداروں کو لکھا گیا۔ اِس خط کا مقصد بالکل واضح ہے۔

یہوداہ ایمان داروں کو جھوٹے نبیوں اور اُستادوں کے بارے میں آگاہ کرتا ہے۔ جو کہ سچائی کو بگاڑتے اور خداوند یسوع کا انکار کرتے ہیں۔ وہ اُن کے بارے بڑی کڑی قسم کی سزا کا ذکر کرتا ہے۔ جو اِس سچائی کے علاوہ کوئی اور تعلیم دیتے ہیں۔ جو کہ رسولوں نے اُنہیں دی تھی۔

دورِ جدید میں خط کی اہمیت

اپنے اِس خط میں یہوداہ جھوٹے اُستادوں کے بارے میں بڑے زور سے بات کرتا ہے یہوداہ کسی طور پر بھی سچائی پر سمجھوتہ نہیں کر سکتا تھا۔ جن لوگوں نے کسی اور طرح کی خوشخبری کی تعلیم دی۔ اُنہوں نے اپنے مفاد کی خاطر سچائی کو بدل دیا۔ ضرورت اس بات کی تھی کہ کلیسیا اُن لوگوں سے خبردار رہے۔ جو اُس خوشخبری کے علاہ تعلیم دیتے ہیں

جو رسولوں نے اُنہیں دی تھی۔

یہوداہ جھوٹے اُستادوں کو اندر گھس آنے کا موقع دینے کے سنگین خطرات اور اُن کی حقیقی فطرت کو ہم پر ظاہر کرتا ہے۔ یہ خط خدا کے کلام کی تعلیم اور منادی کرنے کے تعلق سے وفاداری کی ایک بلاہٹ ہے۔ اور ساتھ ہی ہمارے دوَر کی کلیسیا کو ایک چیلنج بھی درپیش ہے کہ وہ ہر طرح کے سمجھوتے اور سچائی کو بگاڑنے اور خراب کرنے والے اور ہر ایک منصوبہ کے سامنے سینہ سپر ہو جائے۔

ایمان کے لئے جانفشانی

یہوداہ 1:7 پڑھیں

یہوداہ اپنے اِس خط کے آغاز ہی میں قارئین کرام کو اپنا تعارف کرواتا ہے۔ وہ بڑی سادگی سے اپنے آپ کو مسیح کا بندہ اور یعقوب کا بھائی کہتا ہے۔

(1 آیت) مفسرین اِس بات پر ایمان رکھتے ہیں کہ جس یعقوب کا یہاں پر ذکر کیا گیا ہے۔وہ یسوع کا بھائی ہے۔ یوں یہوداہ یسوع مسیح کا بھائی ٹھہرتا ہے۔ وہ اپنے آپ کو مسیح یسوع کا بھائی بھی متعارف کرواسکتا تھا۔ لیکن یہوداہ نے اِس بات کے اقرار سے دانستہ طور پر گریز کیا۔ یہوداہ کے نزدیک یسوع ایک بھائی سے کہیں بڑھ کر تھا۔ وہ اُس کا نجات دہندہ تھا۔ یہوداہ نے خود کو خداوند یسوع کے ایک عاجز خادم کے طور پر دیکھا۔

یہوداہ نے یہ خط اُن لوگوں کو لکھا ہے جو بلائے ہوئے اور خدا باپ میں عزیز ہیں۔ (1 آیت)

ہمارے لئے یہ نہایت ضروری ہے کہ ہم اِس بات کو سمجھیں جو کچھ یہوداہ یہاں پر کہہ رہا ہے۔ عمومی طور پر اُس نے اپنے خط میں ایمانداروں کو مخاطب کیا ہے۔ وہ ایک ایماندار

کی وضاحت تین مختلف طریقوں سے کرتا ہے۔

یہوداہ کہتا ہے کہ ایک ایماندار وہ ہوتا ہے جو بلایا گیا ہوتا ہے۔ یہ بلاہٹ محض نجات کے پیغام کو سننے سے کہیں بڑھ کر ہوتی ہے۔ خدا کا ہاتھ بلائے ہوؤں پر ہوتا ہے۔ تاکہ وہ خداوند یسوع مسیح کے وسیلہ سے شخصی طور پر اس کو پہچانیں۔ خدا بلائے ہوؤں کے لئے ایک منصوبہ اور مقصد رکھتا ہے۔ وہ جو نجات کے لئے بلائے گئے ہیں، وہ خدمت کے لئے بھی بلائے گئے ہیں۔ خدا بلائے ہوؤں کو اپنی بڑی محافظت میں تربیت دے کر تیار کرتا ہے۔ تاکہ بطور خادم وہ اِس خدمت کے لئے مفید ثابت ہوسکیں۔ جس کیلئے اُس نے اُنہیں بلایا ہے۔ (گلتیوں 1:15-16)

خدا کا ہاتھ بلائے ہوؤں پر ہوتا ہے حتیٰ کہ اس وقت سے جب اُنہیں اپنی بلاہٹ کا کوئی علم نہیں ہوتا۔

اِس بات پر غور کریں کہ ایک ایماندار نہ صرف ''بلایا گیا ہے'' بلکہ وہ ''خدا باپ میں عزیز بھی ہے۔'' باپ کی محبت کس قدر عظیم تھی کہ اُس نے رضا کارانہ طور پر اپنے بیٹے کو اِس دِنیا میں بھیجا تاکہ وہ ہماری لئے اپنی جان قربان کرے اور ہمارے گناہ معاف ہو جائیں اور وہ اُس کے ساتھ رفاقت میں بحال ہو جائیں۔ اِس سے بڑھ کر اور کون سی عظیم محبت ہوسکتی ہے۔ ایک ایماندار وہ شخص ہوتا ہے جسے آسمانی باپ عزیز رکھتا ہے۔

اور جس کے لئے خداوند یسوع مسیح نے اپنی جان صلیب پر قربان کی۔اس سے بڑھ کر یہوداہ یہ بھی بتاتا ہے کہ خداوند یسوع مسیح حقیقی ایمانداروں کومحفوظ رکھتا ہے۔مقدس پولس رسول رومیوں 8 باب میں ہمیں یاد دلاتے ہیں کہ کوئی چیز بھی ایمانداروں کو خداوند یسوع مسیح کی محبت سے جدانہیں کرسکتی۔حقیقی ایماندار اس نجات میں ابدیت کے لئے محفوظ ہیں۔جو خداوند یسوع مسیح انہیں بخشتا ہے۔

یہ ابدی میراث خدا کے فرزندوں سے کبھی بھی چھینی نہیں جاسکتی۔خداوند یسوع مسیح انہیں محفوظ رکھے گا۔اِس خیال میں ایک زبردست یقین دہانی پائی جاتی ہے۔کتنی بار ہم گر جاتے ہیں، کتنی بار ہم اپنے خداوند یسوع کو مایوس کرتے ہیں۔پھر بھی اُن سب باتوں کے باوجود خداوند یسوع مسیح ہمیں محفوظ رکھتا ہے۔

وہ نہ تو کبھی ہمیں چھوڑے گا اور نہ ہی کبھی ہم سے دستبردار ہوگا۔

یہوداہ کی اپنے قارئین کرام کے لئے تمنا ہے کہ خدا کا رحم، اطمینان اور خدا کی اُن کے ساتھ رہے۔

یہوداہ کی یہ خواہش ہے کہ ایماندار ہر روز خدا کے رحم کا نیا احساس حاصل کریں۔

خدا کا رحم ایمان رکھنے والوں کا روزمرہ کا تجربہ ہوتا ہے۔ہم میں سے کوئی بھی اِس بخشش کا مستحق نہیں ہوتا۔تو بھی ہر روز جب ہم اپنے بستر سے اُٹھتے ہیں تو اُس کی شفقت ہر

صبح تازہ ہوتی ہے۔(نوحہ 3:22-23)وہ ہر روز ہم پر اپنی شفقت اور رحمت بکثرت نچھاور کرتا ہے۔

خدا کا اطمینان اور اس کی محبت بھی ہمارا روزمرہ کا تجربہ ہوسکتا ہے۔ یہوداہ کی یہ خواہش ہے کہ اُس کے قارئین اِس کی عظیم محبت اور اطمینان کا گہرا اور وسیع تجربہ حاصل کریں۔ اِس وقت اُس کی محبت اور اُس کا اطمینان کس حد تک آپ کا تجربہ ہے؟ ایک بات یقینی ہے اور وہ یہ ہے کہ ہم میں سے کسی نے بھی کبھی اُس محبت اور اطمینان کا پورے طور پر تجربہ نہیں کیا ہے۔ خدا میں اس قدر محبت اور اطمینان ہے جس کا ہم نے شاید ابھی تک پورے طور پر تجربہ نہیں کیا۔ یہوداہ کی یہ خواہش ہے کہ اُس کے قارئین کرام میں خدا کا رحم اور اطمینان کثرت سے ہو۔ ہمارا خدا کثرت کا خدا ہے۔ اپنے ارد گرد تخلیق پر نگاہ ڈالیں۔ ایک لمحہ کے لئے کائنات کی وسعت پر غور کریں جو اُس نے ہمارے لطف اندوز ہونے کے لئے بنائی ہے۔ خدا کبھی بھی اطمینان اور محبت ایماندار سے جدا نہیں کرتا۔ لیکن سوال یہ ہے کہ ہم میں کس حد تک قبولیت کی روح پائی جاتی ہے۔

بنیادی طور پر یہوداہ ان ایمانداروں کو اس نجات کے بارے میں لکھنا چاہتا ہے جس میں ہم سب شریک ہوئے ہیں۔(3 آیت) یہ خط بڑا مثبت اور حوصلہ افزا ہے۔ جو کچھ

اُس نے اُن کے بارے میں سنا، اِس سے اِس خط کے اسلوب بیان و انداز میں تبدیلی پیدا ہوئی۔ اس نجات کے بارے میں جو نہیں خداوند یسوع مسیح میں حاصل تھی، لکھنے کی بجائے وہ انہیں اس ایمان کے لئے جانفشانی کرنے کے لئے کہتا ہے جو مقدسین کو ایک ہی بار سونپا گیا ہے۔ اس کی وجہ یہ تھی کہ بعض ایسے لوگ کلیسیا میں چپکے سے آ ملے تھے جو سچائی کو بگاڑ رہے تھے۔

غور کریں کہ یہوداہ ان لوگوں کے بارے میں کیا کہتا ہے۔ ان کی سزا پہلے سے مقرر ہے۔ 5-7 آیات میں ہمارے سامنے بہت سی مثالیں ہیں۔ وہ انہیں یاد دلاتا ہے کہ حتیٰ کہ فرشتے بھی جنہوں نے اپنے مقام کو قائم نہ رکھا، دائمی قید میں رکھے ہوئے ہیں۔ وہ انہیں یاد دلاتا ہے کہ سدوم اور عمورہ اور ان کے آس پاس کے شہر جنہوں نے خداوند کی طرف اپنی پشت پھیری، ان پر کیا واقع ہوا تھا۔

یہوداہ اُن جھوٹے اُستادوں کا بھی موازنہ کرتا ہے جو اُس کے قارئین ان کی سزا بھی ایسی ہی ہوگی۔ یہ ایک زبردست بیان ہے۔ یہوداہ حقیقت میں اُن جھوٹے استادوں کو خدا کے دشمنوں کے طور پر دیکھتا ہے۔

دوسرے نمبر پر یہ بات غور طلب ہے کہ ''یہ لوگ چپکے سے ایمانداروں میں آ ملے تھے۔'' (4 آیت) ہمارا دشمن، یعنی شیطان بہت مکار اور چالاک ہے۔ اُس کی یہ خواہش ہے

کہ وہ اپنے جھوٹوں سے ایمانداروں کے مقام کو برباد کرنا چاہتا ہے۔ وہ اعلانیہ طور پر اپنے ارادے کا اعلان و اظہار نہیں کرتا۔ وہ برباد کرنے کے لئے۔۔

ہمیں ہمیشہ خبردار اور جاگتے رہنے کی ضرورت ہی۔ وہ کسی چیز سے روکے نہیں رکے گا۔ وہ بڑا اجرأت مند ہے۔ وہ ہماری کلیسیاؤں کی دُعائیہ میٹنگز میں چپکے سے داخل ہو جائے گا۔ وہ ہماری چرچ کمیٹی تک رسائی کا خواہشمند بھی ہے۔

وہ اُن لوگوں کو بھی استعمال کر سکتا ہے جو ہمارے پلپٹ پر خدمت گزاری کے کام کے لئے کھڑے ہوتے ہیں۔ جنہیں وہ استعمال کر سکتا ہے، عام اور معمولی لوگ دکھائی دیتے ہیں۔ ممکن ہے کہ ایسے لوگ بظاہر بڑے سادہ اور بڑے روحانی لوگ دکھائی دیتے ہوں۔ ہمیں اس معاملہ میں کیسے جانچ پرکھ سے کام لینا چاہیئے؟

ہم ان جھوٹے اُستادوں کو کیسے پہچان سکتے ہیں؟ یہوداہ رسول کہتا ہے کہ ایسے لوگ بے دین ہوتے ہیں۔ (آیت 4) اُس بے دینی کو دو طرح سے دیکھا جا سکتا ہے۔

اول۔ یہ اُن کے طرز زندگی سے نظر آ سکتی ہے۔ چوتھی آیت ہمیں بتاتی ہے کہ وہ خدا کے فضل کو شہوت پرستی سے بدل ڈالتے ہیں۔ اگرچہ یہ لوگ خدا کی محبت اور معافی کی منادی کرتے ہیں تو بھی اُن کی زندگی خدا کی پاکیزگی کے مطابق نہیں ہوتیں۔ خدا کے خادموں کا طرز زندگی خدا کے کردار کا عکاس ہوتا ہے۔

جھوٹے استاد خدا کی محبت اور معافی پر زور دیتے ہیں اور پھر اُسی تعلیم کو اپنی جسمانی خواہشات کی تسکین و تکمیل کے لئے ایک بہانے کے طور پر استعمال کرتے ہیں۔ وہ بغاوت کی زندگی بسر کرتے ہیں۔ وہ ہر وقت اپنی من مانی کرتے ہیں۔

ہمیں اُن لوگوں سے آگاہ اور باخبر رہنے کی ضرورت ہے جو یسوع مسیح کی انجیل کی منادی کرتے ہیں۔ لیکن اُن کا طرزِ زندگی یسوع کے کردار کی عکاسی نہیں کرتا۔ آپ جھوٹے اُستادوں کو اُن کے بے دین طرزِ زندگی سے پہچان سکتے ہیں۔

دوئم۔ یہوداہ رسول ہمیں بتاتا ہے کہ یہ جھوٹے اُستاد ہمارے واحد مالک اور خداوند یسوع مسیح کا انکار کرتے ہیں۔ (4 آیت) ہمیں اُن لوگوں سے رفاقت نہیں رکھنی چاہیئے جو اِس بات کو قبول نہیں کرتے ہیں کہ یسوع خداوند ہے۔

ہمیں اُن لوگوں کو رد کر دینا چاہیئے جو کسی اور کے سامنے گھٹنے ٹیکتے ہیں۔ اور نہ کہ صرف خداوند یسوع کے حضور سجدہ ریز ہوتے ہیں۔

یہ جھوٹے استاد یسوع کو واحد قادر مطلق خداوند کے طور پر قبول نہیں کرتے۔ وہ صرف یسوع ہی کو اپنا خداوند قبول کرتے ہوئے، اُس کے حضور گھٹنے نہیں ٹیکتے۔ وہ صرف اُسی کی تابعداری نہیں کرتے۔ وہ طرف سے اپنی توجہ ہٹا کر صرف اور صرف واحد بادشاہ یسوع کی عبادت اور پرستش نہیں کرتے۔ وہ اُسے یہ حق اور اختیار نہیں دیتے کہ صرف

اور صرف وہی اُن کا مالک ہو۔ ممکن ہے کہ وہ بظاہر مذہب کے بڑے پابند دکھائی دیں اور اِس وجہ سے معاشرے میں ان کا بڑا مقام ہو۔

لیکن اِس مقام کو پانے کے لئے اُنہیں اِس حقیقت کا منکر ہونا پڑتا ہے کہ یسوع ہی واحد ذریعہ نجات ہے۔ اُن جھوٹے اُستادوں کا کیا ٹھکانا ہوگا۔ یہوداہ کلامِ مقدس میں سے کئی واقعات اپنے قارئین کرام کو یاد دلاتا ہے جو یہ ظاہر کرتے ہیں کہ اُن جھوٹے استادوں اور نبیوں کے ساتھ کیا واقع ہوگا۔

یہوداہ اپنے قارئین کرام کو یاد دلاتا ہے کہ خدا نے اپنے لوگوں کو ملک مصر سے رہائی دینے کے بعد، کس طرح اُن لوگوں کو بیابان میں ہلاک کیا جو ایمان نہ لائے۔ کیا آپ سمجھتے ہیں کہ خدا نے اپنے ہی لوگوں کو بیابان میں ہلاک کر دیا تو کیا وہ ایسے جھوٹے استادوں اور نبیوں کی جان بخشی کر دے گا۔

ایسے لوگوں کے ساتھ بھی ویسا ہی سلوک کیا جائے گا جیسا موسیٰ کے دور میں اُن لوگوں کے ساتھ ہوا تھا جنہوں نے خدا کی طرف اپنی پشت پھیر دی تھی۔ یہ لوگ بھی اپنے گناہوں میں مریں گے۔

6 آیت میں یہوداہ رسول ایک اور مثال دیتا ہے۔ یہاں وہ ہمیں آسمانی مقاموں پر موجود ان فرشتوں کی یاد دلاتا ہے جنہوں نے اپنے مقام کو قائم نہ رکھا۔ یہاں پر یوحنا

رسول شیطان اور اُس کے فرشتوں کی بات کر رہا ہے جنہوں نے اپنے تکبر اور غرور میں آسمانی بلاہٹ کو چھوڑ دیا۔ اُن فرشتوں کو تاریکی میں پھینک دیا گیا۔ وہاں یہ تاریکی اور دائمی قید میں روز عدالت تک رہیں گے۔ کہنے کا یہ مطلب نہیں ہے کہ یہ بدروحیں غیر متحرک اور غیر فعال ہیں۔ پطرس رسول ہمیں بتاتا ہے کہ شیطان شیر ببر کی طرح ڈھونڈتا پھرتا ہے کہ کس کو پھاڑ کھائے۔ (1 پطرس 8:5)

یہوداہ رسول زنجیروں اور قید کا ذکر کرتا ہے۔ اِس سے مراد تاریکی کی زنجیریں اور قید ہے۔ شیطان اور اُس کی بدروحیں تو کبھی بھی توبہ نہیں کریں گی۔ اور نہ وہ توبہ کر ہی سکتی ہیں۔

مسیح نے بنی نوع انسان کے لئے اپنی جان قربان کی۔ اُس نے شیطان اور اُس کے فرشتوں کے لئے جان قربان نہیں کی۔ ان کا انجام طے ہو چکا ہے۔

اُس وقت وہ خدا سے دور تاریکی میں رہتی ہیں۔ اور سچائی کی روشنی میں آنے کے لئے اُن کے پاس کوئی موقع نہیں ہوگا۔

شیطان اور اُس کی بدروحیں ہمیشہ کے لئے آگ کی جھیل میں پھینک دی جائیں گی جہاں انہیں بغاوت کرنے پر ابدی سزا دی جائے گی۔ (مکاشفہ 15:20)

اگر خدا نے اُن گرائے ہوئے فرشتوں کو اِس طور سے سزا دی ہے تو کیا وہ اُن لوگوں کو

سزا نہیں دے گا جو انجیل کی سچائی کو بدل کر رکھ دیتے ہیں۔ اور لوگوں کو سچائی کے کلام سے گمراہ کرتے ہیں؟

یہوداہ رسول یہاں پر ہمارے سامنے سدوم اور عمورہ کی مثال رکھتا ہے۔ اُن شہروں کے لوگ حرام کاری اور جنسی بے راہ روی میں خود کو ناپاک کرنے لگے۔ اُنہوں نے سچائی اور پاکیزگی کے لئے خدا کے معیار کو مدنظر نہ رکھا۔ ان جھوٹے نبیوں نے پاکیزگی کے لئے خدا کا جو معیار ہے اُسے تبدیل کر کے رکھ دیا ہے۔ (4 آیت)

انہیں ایسی زندگی بسر کرنے میں کوئی دلچسپی نہیں جس کی توقع خدا اُن سے کرتا ہے۔ یہوداہ رسول کہتا ہے کہ یاد رکھیں کہ سدوم اور عمورہ کے ساتھ کیا واقع ہوا۔ اگر خدا نے اُن شہروں کو اُن کی بدکاری اور روسیاہی کے کاموں کے باعث مکمل طور پر نیست و نابود کر دیا تو کیا وہ اُن لوگوں کو ہلاک کرنے میں کسی طرح کی ہچکچاہٹ سے کام لے گا جو اس کے پاک معیار کے مطابق زندگی بسر کرنے سے انکار کرتے ہیں؟

درج بالا تمام مثالیں ہمارے لئے عبرت کا نشان ہیں۔ یہوداہ رسول کے ابتدائی قارئین میں جھوٹے اُستاد خدا کی سنگین ترین عدالت کے سزاوار ہونے کے خطرہ سے دوچار تھے۔ انہوں نے اپنے اعمال کے مطابق سزا پانی تھی۔

ایمانداروں کی ذمہ داری ہے کہ وہ اُن جھوٹے اُستادوں کو موقع ہی نہ دیں کہ وہ اُن کو

گمراہ کریں۔ جو خداوند یسوع مسیح کا انکار کرتے ہیں۔ اور اسکے کلام کے معیار کے مطابق زندگی بسر کرنے سے انکار کرتے ہیں۔ خداوند یسوع مسیح کا خادم ہونا اور پھر خادم ہوتے ہوئے خداوند کو اپنے طرز زندگی سے اِس دُنیا کے سامنے پیش کرنا ایک زبر دست اور جلالی ذمہ داری ہے۔

ہم جو خدمت کے لئے بلائے گئے ہیں ہم پر یہ ذمہ داری عائد ہوتی ہے کہ ہم اپنی بلاہٹ کے معیار کے مطابق زندگی بسر کریں۔ اپنی تعلیم اور منادی میں خداوند یسوع مسیح کو مرکزی مقام دینے کے تعلق سے بہت محتاط روّیہ اپنائیں۔ ہمیں صرف خدا کے کلام کی سچائی سے وفادار نہیں رہنا بلکہ ہمارا طرزِ زندگی بھی اُس کلام کے معیار سے ہم آہنگ ہونا چاہئے۔

چند ایک غور طلب باتیں

☆۔ کیا ہمارے ملک کی کلیسیاؤں میں اُن جھوٹے استادوں اور نبیوں کے شواہد ملتے ہیں؟

☆۔ ہم کسی جھوٹے اُستاد کو کیسے پہچان سکتے ہیں؟

☆۔ آج ہمیں اپنی کلیسیاؤں میں کس سچائی کے لئے کھڑے ہونے کی ضرورت ہے؟

☆۔ کیا آج کے دور میں خدا کی خدمت کے کام میں شامل ہونے کے لئے شیطان کی کاوشوں کا کوئی ثبوت ملتا ہے؟

☆۔ ہمارے دور میں کس قسم کی گمراہی کو پھیلانے کی کوشش کی جا رہی ہے؟

دُعائیہ نکات

☆۔ چند لمحات کے لئے اُن لوگوں کے لئے دُعا کریں جو خدا کے مذبح پر کھڑے ہو کر کلام کی منادی کرتے ہیں پر خداوند یسوع مسیح کو نجات دہندہ کے طور پر نہیں جانتے۔

☆۔ دعا کریں کہ خدا اُن لوگوں کی آنکھیں کھول دے جو اُن جھوٹے نبیوں اور اُستادوں کی باتیں سنتے ہیں۔ تا کہ گمراہ شدگان واپس سچائی کی تعلیم کی طرف رجوع لائیں۔

☆۔ دُعا کریں تا کہ یسوع نام کا اقرار کرنے والوں کے درمیان پاک طرزِ زندگی کی تجدید نو ہو سکے۔

بے دینوں پر افسوس

یہوداہ 8-16 پڑھیں

گذشتہ مطالعہ میں ہم نے دیکھا ہے کہ یہوداہ رسول اپنے قارئین کرام کو اُن کے درمیان پائے جانے والے جھوٹے اُستادوں اور نبیوں کے پیشِ نظر ایمان کے لئے جانفشانی کرنے کے کہتا ہے۔ مذکورہ حوالہ میں بھی وہ اُن بدکار لوگوں کے تعلق سے بات کرنا جاری رکھتا ہے۔

آئیں اِس حصہ میں تفصیل کے ساتھ دیکھیں کہ یہوداہ اُن جھوٹے استادوں کے بارے میں کیا کہتا ہے۔

اپنے جسم کو ناپاک کرتے ہیں۔(8 آیت)

یہوداہ بیان کرتا ہے کہ جھوٹے اُستاد جو کلیسیا میں داخل ہوئے ہیں۔ وہ خواب دیکھنے والوں کے طور پر داخل ہوئے ہیں۔ کلام مقدس میں ہم دیکھتے ہیں کہ خدا نے اپنے نبیوں کو خواب دکھائے جو کہ خدا کے لوگوں پر اُس کی مرضی ظاہر کرنے کا ایک وسیلہ تھے۔(گنتی 6:12 متی 20:1)

یہوداہ جن لوگوں کے بارے میں بات کر رہا ہے، کیا اُنہوں نے خدا کے ترجمان

ہونے کا دعویٰ کیا؟ کیا اُنہوں نے اِس بات کا دعویٰ کیا کہ انہیں خدا کے لوگوں کی لئے خدا کی طرف سے مکاشفہ ملا ہے؟

یہاں پر یہ بات قابلِ ذکر ہے کہ انہوں نے خدا کا مکاشفہ حاصل کرنے کا دعویٰ تو کیا لیکن اُن کا طرز زندگی اس دعویٰ سے بالکل کوئی مطابقت نہیں رکھتا تھا۔ جب کہ وہ خدا کے ترجمان ہونے کا دعویٰ تو کرتے تھے، لیکن وہ اپنے جسموں کو ناپاک کرنے والے تھے۔

4 آیت میں یہوداہ ہمیں یاد دلاتا ہے کہ وہ اپنے طرزِ زندگی میں بے دین اور ناپاک ہیں۔ وہ خدا کے نمائندگان ہونے کا دعویٰ تو کرتے ہیں لیکن اپنے طرز زندگی میں وہ اخلاقی گراوٹ کا شکار نظر آتے ہیں۔

یہ ایسے خواب دیکھنے والے ہیں جو اپنے ہی جسموں کو ناپاک کرتے ہیں۔ اُن پر اعتماد نہیں کیا جا سکتا۔ یہ حقیقت کہ وہ ناپاک زندگی بسر کرتے ہیں اِس بات کی غمازی کرتی ہے کہ وہ خدا کی طرف سے نہیں ہیں۔

حکومت کو ناچیز جانتے ہیں (8 آیت)

جھوٹے نبیوں اور اُستادوں کے تعلق سے دوسری قابلِ غور بات یہ ہے کہ ایسے لوگ اختیار والوں کو قبول نہیں کرتے۔ وہ قطعاً اِس بات کو پسند نہیں کرتے کہ کوئی اُنہیں

بتائے کہ وہ کیا کر سکتے ہیں اور کیا نہیں کر سکتے۔ وہ نہیں چاہتے کہ کوئی اُن کا احتساب کرے۔

وہ کسی قسم کا احساسِ جوابدہی نہیں رکھتے۔ وہ اپنے من چاہے انداز سے زندگی بسر کرنا پسند کرتے ہیں۔ اور اگر کوئی اُن کے طرز زندگی یا تعلیم کو چیلنج کرے تو وہ اظہار خفگی کرتے ہیں۔ اگر وہ خدا کے حقیقی خادم ہوتے، تو وہ خدا کی کلیسیا میں قائم کردہ صاحبِ اختیار لوگوں کے تابع رہتے۔

تاہم ہم یہ بات واضح ہے کہ وہ کسی کی نہ سنیں گے۔ بلکہ اپنی باتوں پر ہی توجہ دیں گے۔ کیوں کہ اُن کی ذات ہی اُن کی زندگی کا مرکز و محور ہے۔

عزت داروں پر لعن طعن کرتے ہیں۔ (9 آیت)

یہ جھوٹے استاد نہ صرف کلیسیا میں صاحبِ اختیار لوگوں کو رد کرتے ہیں بلکہ عزت داروں پر لعن طعن بھی کرتے ہیں۔ یہ عزت دار لوگ کون ہیں؟ سیاق و سباق میں فرشتوں اور بدروحوں کی بات ہو رہی ہے۔ (8 آیت)

یہوداہ 9 آیت کی وضاحت کیلئے ہمارے سامنے ایک مثال رکھتا ہے کہ کس طرح مقرب فرشتہ نے موسیٰ کی لاش کی بابت ایک بدروح کے ساتھ بحث و تکرار کی۔ کلام مقدس اِس واقعہ سے متعلق کوئی بات نہیں کرتا۔ اِس واقعہ کو ایک قدیم کتاب ''موسیٰ

کے تعلق سے مفروضات'' میں دیکھا جا سکتا ہے۔ یہاں اِس واقعہ میں مقرب فرشتہ کو موسیٰ کی لاش کی تدفین کی ذمہ داری دی گئی۔ جب اُس نے لاش کو تدفین کے لئے لیا تو اُس کے پاس ایک بدروح آ گئی اور موسیٰ پر الزام لگاتے ہوئے کہا کہ وہ تو ایک قاتل ہے۔ جس نے فی الواقع مصر میں رہتے ہوئے ایک مصری کو قتل کر دیا تھا۔ ابلیس موسیٰ کی لاش کو اپنے لئے حاصل کرنا چاہتا تھا۔

میکا ایل فرشتہ نے ابلیس کے ساتھ کسی قسم کی کوئی بحث و تکرار نہیں کی بلکہ بڑی سادگی سے معاملہ خدا کے ہاتھوں میں دے دیا کہ جیسا مناسب جانے خود ہی اِس معاملہ کو نپٹائے۔ میکا ایل نے ابلیس سے کسی طرح کا کوئی بحث مباحثہ نہیں کیا۔ لیکن یہ جھوٹے نبی عزت داروں پر لعن طعن کرتے ہیں۔ ہمیں یہ نہیں بتایا گیا کہ وہ کیا کہتے ہیں۔ کیا ممکن ہے کہ وہ فرشتوں یا بدروحوں کے وجود کے بارے میں شک کرتے ہوں؟ کیا وہ محسوس کرتے تھے کہ وہ اُن سے زیادہ عزت دار ہیں؟

ہم وثوق سے کچھ بھی نہیں کہہ سکتے یہوداہ روحانی ہستیوں کی حقیقت کو سمجھتا تھا۔ اُن کی قوت واقعی حقیقی ہے۔

چند لمحات کے لئے اِس بات پر غور کریں کہ شیطان نے ایوب کے ساتھ کیا کیا۔ یاد کریں کہ کس طرح خداوند یسوع مسیح نے لوگوں کو بدروح کے قبضہ سے رہائی بخشی۔

رہائی پانے والے اُن لوگوں میں سے بہت سے ایسے تھے جو ان بدروحوں کے ہاتھوں جسمانی، جذباتی اور روحانی بندھنوں میں بندھے دُکھ اٹھا رہے تھے۔

(مرقس 25:9 لوقا 11:13)

اَب جب ہم اِس بات کو سمجھتے ہیں کہ خدا کی قدرت ہمیں فتح بخشتی ہے۔ ہمیں اس بات کو بھی سمجھنا چاہیئے کہ یہ چیزیں کوئی کھلونے نہیں ہیں کہ ہم اُن سے کھیلتے رہیں۔ یا زبانی کلامی ان کو برا بھلا کہتے رہیں۔ ایسا کرنا گویا آگ سے کھیلنے کے مترادف ہے۔

یہوداہ رسول یہاں پر جن جھوٹے اُستادوں کا ذکر کر رہا ہے، اُنہیں بدروحوں کے بارے میں بہت کم علم ہے۔ اور نہ ہی وہ اس روحانی جنگ کو سمجھتے ہیں۔ جو اُن کے اردگرد لگی ہوئی ہے۔ اُن کا یہ ایمان ہے کہ اُن کے پاس اِس بات کا اختیار ہے کہ وہ جو چاہیں کہیں اور کریں۔ حتیٰ کہ وہ لاعلمی میں بدی کی قوتوں پر اپنے غم وغصہ کا اظہار کرتے ہیں۔

جن باتوں کو نہیں جانتے، اُن پر لعن طعن کرتے ہیں۔ (10 آیت)

یہوداہ ہمیں مزید بتاتا ہے کہ جھوٹے اُستاد جو چپکے سے اُن میں آ ملے ہیں اُن چیزوں پر لعن طعن کرتے ہیں جن کے بارے میں کچھ سمجھ بوجھ نہیں رکھتے۔

ہم نے ابھی دیکھا کہ وہ اپنے اردگرد روحانی قوتوں کے بارے میں بہت کم جانکاری

رکھتے ہیں۔اوران پرلعن طعن کرتے ہیں۔ میں سمجھتا ہوں کہ ہم ایسے لوگوں سے مل چکے ہیں جن کا اِن ناواقف چیزوں کے بارے میں ردعمل یہی ہے۔کہ وہ اُن چیزوں کے بارے میں لعن طعن کرتے ہیں۔ یہ وہ لوگ ہوتے ہیں جو دوسرے ایمانداروں، اُن کے طرزِ عبادت اور روحانی نعمتوں اور خدمات پر تنقید کرتے رہتے ہیں

چونکہ ایسی چیزوں کے ساتھ اُن کی طبعیت میل نہیں کھاتی، جنہیں وہ رد کرتے ہیں۔ ایسے لوگ بالعموم تلخ مزاج اور غصہ ور روّیہ رکھنے والے لوگ ہوتے ہیں۔ یہوداہ یہاں پر کسی قسم کی ہچکچاہٹ سے کام نہیں لیتا۔ جھوٹے استاد جو اُس کے قارئین کرام کے درمیان پھیلے ہوئے ہیں۔ وہ بے عقل جانوروں کی مانند ہیں۔ وہ دعویٰ تو کرتے ہیں کہ وہ خدا کے ترجمان ہیں۔لیکن اُن کا خدا اُن کے وہم وگمان اور خیالات سے زیادہ بڑا نہیں ہے۔ وہ ہر اُس بات کو قبول کرنے سے انکار کرتے ہیں جس کو سمجھنے سے قاصر ہوتے ہیں۔

قائن کی راہ پر چلتے ہیں (11 آیت)

یہوداہ یہ کہتا ہے کہ یہ لوگ قائن کی راہ پر چلتے ہیں۔ پیدائش کی کتاب اِس سارے واقعہ کو تفصیل کے ساتھ بیان کرتی ہے جس میں قائن اپنے بھائی ہابل کو اُس وقت قتل کر دیتا ہے جب خدا اُس کی قربانی کو رد اور ہابل کی قربانی کو قبول کر لیتا ہے۔قائن نے اپنے

بھائی کو حسد اور قہر میں آ کر قتل کیا۔ وہ اِس بات کو برداشت نہ کر سکا کہ خدا اُسے رد اور اُس کے بھائی کو قبول کر لے۔

یہ جھوٹے اُستاد بھی خود غرض لوگ ہوتے ہیں جن کی بس یہی خواہش ہوتی ہے کہ دوسرے لوگ اُن کی تعریف کریں۔ ایسے لوگ خود کو اونچا کرنے کے لئے دوسروں کو دانستہ طور پر دکھ دیتے ہیں۔ ایسے لوگ جان بوجھ کر قائن کی گناہ آلودہ فطرت اور ٹیڑھی روّشوں کو اپناتے ہیں۔

بڑی حرص سے بلعام کی سی گمراہی اختیار کرتے ہیں۔(11 آیت)

2۔پطرس 15:2 میں ہمیں بتایا گیا ہے کہ بلعام نے ناراستی کی مزدوری کو عزیز جانا جبکہ اُس نے بنی اسرائیل پر لعنت کرنے سے انکار کر دیا۔(گنتی 24:23)

مکاشفہ 14:2 میں خدا کا کلام ہمیں بتاتا ہے کہ اُس نے بتوں کے لئے گزرانی گئی قربانیوں میں سے کھا کر اور حرامکاری کا مرتکب ہو کر بنی اسرائیل کو گناہ کی طرف مائل کرنے کے لئے ایک ترکیب نکالی۔(گنتی 25:1-2)

اِس سے ہم یہ سمجھتے ہیں کہ جھوٹے استاد اور نبی خدا کے لوگوں کو گمراہ کرتے اور اُنہیں بت پرستی اور حرامکاری کی راہ پر ڈال دیتے ہیں۔ وہ اپنے مفاد کی خاطر ایسا کرتے ہیں۔ ایسے لوگ ناپاک اور بری روشوں میں پھنسے ہوئے ہوتے ہیں۔ وہ دوسرے

لوگوں کو بھی اپنے ہی نقش قدم پر چلنے کے لئے مائل اور تیار کر لیتے ہیں۔

قورح کی طرح مخالفت کر کے ہلاک ہوتے ہیں (11 آیت)

یہوداہ رسول اُن جھوٹے استادوں کا قورح سے موازنہ کرتا ہے۔ گنتی کی کتاب 16 باب میں ہم دیکھتے ہیں کہ قورح نے موسیٰ اور ہارون کے اختیار کے بارے میں بغاوت کی تھی۔ خدا نے قورح اور اُسکے ساتھیوں کی عدالت کی۔ زمین پھٹ گئی اور ان کو نگل گئی۔ قورح کی طرح یہ جھوٹے استاد، خدا کے اختیار کے خلاف ایک بغاوت ہیں۔ اور مسیح کے بدن یعنی کلیسیا پر اپنی مرضی کو ٹھونسنا چاہتے ہیں۔ اُن کا انجام بھی ایسا ہی ہوگا یعنی اُنہیں الٰہی عدالت کا سامنا کرنا پڑے گا۔

تمہاری محبت کی ضیافتوں میں (12 آیت)

محبت کی ضیافتیں عہد جدید میں وہ کھانا ہوتا تھا جو ایماندار آپس میں مل کر کھاتے تھے۔ اُن کھانوں کے درمیان وہ خداوند کی میز میں بھی شریک ہوتے تھے۔ یہاں سے یہ بات واضح ہوتی ہے کہ یہ جھوٹے اُستاد اور جھوٹے نبی بھی اُن کھانوں میں شریک ہوتے تھے۔ کلیسیا میں ہوتے ہوئے بھی وہ کلیسیا کے دشمن تھے۔ وہ محبت کی ضیافتوں اور خداوند کی میز میں شریک ہوتے تھے۔

لیکن وہ خداوند کے لئے زندگی بسر نہیں کرتے تھے۔ یہوداہ کے مطابق، اُن

ضیافتوں میں اُن کی موجودگی، خدا کے نکتہ نگاہ سے ایک داغ اور بدنامی ہے۔ انہیں وہاں نہیں ہونا چاہئے۔ کیوں کہ اُن کی رفاقت خدااور اُسکے لوگوں کے ساتھ نہیں تھی۔ غور کریں کہ ان لوگوں کو خداوند کی میز میں شرکت کرتے ہوئے تھوڑی بہت جھجک بھی محسوس نہ ہوتی تھی۔ اپنے بُرے طرزِ زندگی پر انہیں کوئی احساسِ جرم نہیں ہوتا تھا۔ وہ بے ضمیر لوگ تھے۔ وہ روح القدس کی قائلیت کو چیلنج کرتے تھے۔

چرواہے جو صرف اپنا پیٹ پالتے ہیں (12 آیت)

''چرواہا'' کی اصطلاح بائبل مقدس میں اکثر و بیشتر روحانی راہنماؤں کے تعلق سے استعمال کی جاتی ہے۔

جن کے پاس خدا کے لوگوں کے تعلق سے ایک ذمہ داری ہوتی ہے۔ اُن جھوٹے نبیوں کو چرواہے بھی کہا گیا ہے۔ اگرچہ وہ اپنے آپ کو چرواہے سمجھتے تھے تو بھی وہ اِس لئے خدمت میں تھے کہ جو کچھ وہاں سے حاصل ہ سکتا ہے، حاصل کرلیں۔ یہی اُن کی خدمت کا مقصد تھا۔

وہ اپنے مفاد کی خاطر گلہ کو استعمال کرتے ہیں۔ وہ خدا کے لوگوں کی روحانی فلاح کے لئے کچھ بھی نہیں کرتے تھے بلکہ جو کچھ اُن سے حاصل ہوسکتا تھا حاصل کرلیتے ہیں

بے پانی بادل (12 آیت)

ایسے لوگ بے پانی بادل کی طرح ہوتے ہیں۔ ایسے لوگ وعدے تو بڑے بڑے کرتے ہیں لیکن پورا ان میں سے ایک بھی نہیں کرتے۔ حسد، تکبر کی ہواؤں سے اڑتے پھرتے ہیں۔ یہ خدا کے لوگوں کے لئے کسی طور پر بھی باعثِ برکت نہیں ہوتے بلکہ یہ تو انہیں خشک اور بنجر کر دیتے ہیں۔

پت جھڑ کے بے پھل درخت (12 آیت)

یہ پت جھڑ کے بے پھل درختوں کی مانند ہوتے ہیں۔ پٹ جھڑ کا درخت وہ درخت ہوتا ہے جو پھل سے لدا ہوتا ہے۔ جھوٹے استاد بھی بظاہر مستند دکھائی دیتے ہیں۔ لیکن اُن کی خدمت میں کوئی روحانی پھل پیدا نہیں ہوتا۔ اُن کے پاس خدا کے لوگوں کو دینے کے لئے کوئی ایسی چیز نہیں ہوتی جس کی کوئی روحانی قدر و قیمت ہو۔ یہ ضیافت کا وعدہ تو کرتے ہیں پر قحط سالی کا سبب بنتے ہیں۔

سمندر کی پر جوش موجیں جو اپنی بے شرمی کی جھاگ اچھالتی ہیں۔(13 آیت)

یہوداہ ان جھوٹے اُستادوں کا موازنہ سمندر کی اُن پر جوش موجوں سے کرتا ہے جو اپنی بے شرمی کی جھاگ اچھالتی ہیں۔ جونہی یہ موجیں سمندر کی کناروں سے ٹکراتی ہیں، تو

اُن کی بے شرمی کی جھاگ اردگرد کے لوگوں تک پھیل جاتی ہے۔ یہ بدکار اور شریر لوگ اِس سے بھی خوشی محسوس نہیں کرتے۔ اُن کی لاعلمی، جہالت اور شرم ان تک پھیلتی ہے۔ جن سے یہ گفتگو کرتے ہیں۔

آوارہ گرد ستارے جن کے لئے بے حد تاریکی دھری ہوئی ہے۔ 15 آیت)

ایسے لوگوں کا موازنہ آوارہ گرد اور گرنے والے ستاروں سے کریں۔ یہ سمت کا وعدہ تو کرتے ہیں لیکن خود بے منزل اور بے ٹھکانہ ہوتے ہیں۔ ان کی روشنی تو جلتی رہتی ہے، لیکن خود ان کے لئے بے حد تاریکی دھری ہوئی ہے۔ جہاں یہ لوگ ابدالاباد رہیں گے۔ یہ ہمیشہ کے لئے خدا کے نور سے دور ہو جائیں گے۔

بڑبڑانے والے اور شکایت کرنے والے (16 آیت)

16 ویں آیت میں یہوداہ رسول ایمانداروں کو یاد دلاتا ہے کہ یہ جھوٹے استاد شکایت کرنے والے اور دوسروں میں نقص نکالنے والے ہوتے ہیں۔ جنہیں کسی کی تعریف میں کچھ کہنے کے لئے کسی میں کچھ اچھی بات نظر نہیں آتی۔ تلخ مزاج اور غصہ ور لوگ ہوتے ہیں۔ اچھی سے اچھی چیز بھی اُن کے لئے کافی نہیں ہوتی۔ انہیں کچھ بھی ایسا نظر نہیں آتا جو ان کی مرضی کے مطابق ہو۔ اُن کی نظر میں کسی نے بھی کوئی کام اچھے

طریقے سے نہیں کیا ہوتا۔حلیمی اور فروتنی کا روحانی پھل اُن کی زندگی کا حصہ نہیں ہوتا۔

بڑا بول بولنے اور نفع کے لئے لوگوں کی رُوداری (خوشامد) کرنے والے (16 آیت)

ایسے لوگ اپنے متعلق بڑا بول بولنے میں وسروں سے سبقت لے جاتے ہیں۔اپنے مفاد کی خاطر یہ لوگوں کو دہی کچھ کہتے ہیں جو کچھ وہ سننا چاہتے ہیں۔اور اپنی گناہ آلودہ فطرت اور خواہشوں کے مطابق زندگی بسر کرتے ہیں۔جیسا کہ پہلے بھی بیان کیا گیا ہے کہ ایسے لوگ خودغرض،اور اپنی ذات میں مگن رہنے والے لوگ ہوتے ہیں۔

قصوروار ٹھرائے گئے ہیں۔(14-15 آیات)

یہوداہ اُن جھوٹے اُستادوں کے خلاف بولنے کے وقت کسی قسم کی ہچکچاہٹ سے کام نہیں لیتا۔مذکورہ آیات میں وہ اپنے قارئین کرام کو آنے والی عدالت کی یاددہانی کراتا ہے۔حنوک نے اُن لوگوں کے تعلق سے پیش گوئی کی۔ یہ پیش گوئی ہمارے لئے خدا کے کلام میں مندرج نہیں ہے۔لیکن یہوداہ رسول کے مطابق یہ بالکل درست ہے۔ خداوند اپنے لاکھوں مقدسیں کے ساتھ آنے والا ہے۔تاکہ بے دینوں کو اُن کی بے دینی کے کاموں اور سب سخت باتوں کی عدالت کرے جو اُس کے خلاف کہیں گئی ہیں،۔یہوداہ رسول بیان کرتا ہے کہ جھوٹے اُستادوں اور نبیوں کا یہی انجام ہوگا۔

چند ایک غور طلب باتیں

☆۔ کیا آپ کی ملاقات ایسے لوگوں سے ہوئی ہے جن کا ذکر کلام مقدس کے اس حصہ میں آیا ہے؟ کون سی چیز انہیں کلیسیا میں لے کر آتی ہے؟

☆۔ کیا آپ نے کبھی آپ کو ایسی چیزوں پر تنقید کرتے ہوئے پایا ہے۔ جن کے بارے آپ کوئی سمجھ بوجھ نہیں رکھتے؟ کیا ایسا روّیہ درست ہے؟

☆۔ ہمارے لئے کیوں یہ ایک حقیقی آزمائش ہے اور اِس کا کیا حل ہے؟

☆۔ یہوداہ اُن لوگوں کا موازنہ پت جھڑ کے بے پھل درختوں سے کرتا ہے۔ کیا آپ کی زندگی میں پھل کا کوئی ثبوت پایا جاتا ہے؟

☆۔ ہمارے لئے یہ کیوں ضروری ہے کہ ہم مسیح کے بدن میں صاحبِ اختیار لوگوں (مراد کلیسیا کے بزرگوں) کے تابع ہو جائیں۔

دُعائیہ نکات

☆۔ خداوند سے دُعا کریں کہ وہ آپ میں راستبازی کا پھل پیدا کرے۔

☆۔ دُعا کریں تاکہ خدا کی کلیسیا کو امتیاز کی روح بخشے تاکہ ہم پہچان سکیں کہ کون خدا کی طرف سے ہے اور کون شیطان کی طرف سے ہے۔

☆۔ خداوند کی شکرگزاری کریں کہ وہ ہماری کمزرویوں کے باوجود اپنے کام کو ہمارے وسیلہ سے آگے بڑھاتا ہے۔

☆۔ خداوند کی شکرگزاری کریں کہ وہ ہماری کوتاہیوں پر بھی غالب ہے۔

☆۔ خداوند سے دُعا کریں کہ وہ آپ کو اُن جھوٹے استادوں اور نبیوں سے آگاہ کرے جو آپ کو گمراہ کرتے ہیں۔

اپنے آپ کو قائم رکھیں

یہوداہ 17-25 پڑھیں

یہوداہ رسول اپنے قارئین کرام کے درمیان پائے جانے والے جھوٹے اُستادوں کے بارے انہیں خبردار کرتا ہے۔کلیسیا میں موجود ہر شخص مسیحی نہیں ہوتا۔بعض لوگ چپکے سے کلیسیا میں گھس آتے ہیں۔اور بہتوں کو گمراہی اور بدکاری میں ڈالنے کے لئے غلط طور سے راہنمائی کرتے ہیں۔

دورِ جدید میں بھی کچھ ایسا ہی ہو رہا ہے۔شیطان نے کلیسیا میں ایسے لوگوں کو داخل کرنے کا سلسلہ جاری رکھا ہوا ہے جو خداوند یسوع اور اُس کے کلام کی سچائی کو بگاڑتے ہیں۔ہم درپیش جنگ میں کیسی زندگی بسر کر رہے ہیں؟ اِس حصہ میں یہوداہ رسول اُن ایمانداروں کے لئے بہت سی تجویزات پیش کرتا ہے جو اس پر ایمان میں قائم رہنا چاہتے ہیں جو انہیں سونپا گیا ہے۔

اُن باتوں کو یاد رکھیں جو رسول پہلے کہہ چکے ہیں۔(17 آیت)

اگر ہم ایمان کے لئے جانفشانی کرنا اور وہ بننا چاہتے ہیں جس کے لئے خداوند یسوع

مسیح نے ہمیں بلایا ہے تو پھر ہمیں وہ سب کچھ یاد رکھنا ہوگا جو رسول ہمیں پہلے بتا چکے ہیں۔انہوں نے نبوت کی کہ اخیر زمانہ میں بہت سے ٹھٹھا کرنے والے آئیں گے جو اپنی بے دینی کی خواہشوں کے موافق چلیں گے۔دشمن پر فتح پانے کے لئے پہلا قدم اس کی موجودگی کو پہچاننا ہے۔شیطان بھیس بدلنے میں بڑا ماہر ہے۔

جب پہلی دفعہ وہ باغ عدن میں داخل ہوا تھا تو اس وقت ہی سے وہ اپنی اصلی پہچان کو چھپانے کوکوشش کررہا ہے۔وہ حواؔ کے پاس سانپ کے روپ میں گیا۔اعمال کی کتاب میں اُس نے حننیا اور سفیرہ کو انجیل کے کا میں مالی معاونت کے لئے ایک بڑی رقم دے کر بھیجا۔

یہاں ہم دیکھتے ہیں کہ وہ چپکے سے ایمانداروں میں جھوٹے اُستادوں اور نبیوں کے روپ میں آجاتا ہے۔(4 آیت)

جب ہمیں اس بات کا علم ہوجاتا ہے کہ ابلیس بہت ہوشیار اور مکار ہے اور ہماری توجہ خوشخبری سے ہٹانے کے لئے کچھ بھی کرگزرے گا۔تو پھر ہمیں بہت زیادہ محتاط اور خبردار ہونے کی ضرورت ہوتی ہے کہ ہم کیسی تعلیم قبول کررہے ہیں۔

سب سے پہلی بات جو ہمیں سمجھنے کی ضرورت ہے وہ یہ کہ پہلے سے ہی اِس بات کی پیش گوئی کی گئی ہے کہ اخیر زمانہ میں ٹھٹھا کرنے والے آئیں گے اور جھوٹے اُستاد چپکے

سے خدا کی کلیسیا میں داخل ہونے کو کوشش کریں گے۔خبردار رہیں کیوں کہ یہ کہیں آپ کے ارد گرد موجود ہیں۔ دشمن کلیسیا کو برباد کرنے کو کوشش کر رہا ہے۔خبر دار، ہوشیار اور بیدار رہیں کیوں کہ کلیسیا اُس کی آنکھ میں کھٹکتی ہے۔

جب آپ اس بات کو سمجھ جائیں گے کہ دشمن آپ کو دیکھ رہا ہے تو پھر آپ اپنے ہتھیار بھی پہن لیں گے۔(افسیوں 6:8-11)

جب آپ اس کی موجودگی سے باخبر ہوں گے تو پھر آپ بڑی احتیاط سے چلیں گے، کبھی بھی ہر ایک چیز کو قبول نہیں کر لیا کریں گے۔ اِس بات کو سمجھتے ہوئے زندگی بسر کریں کہ دشمن بالکل قریب ہے۔اور کسی بھی لمحہ آپ کو نگل لینا چاہتا ہے۔ اِس اخیر زمانہ میں تو آپ کو اور بھی زیادہ محتاط ہونے کی ضرورت ہے۔

اپنے ایمان میں ترقی کریں (20 آیت)

اِس حقیقت کے پیش نظر کہ دشمن کلیسیا کو برباد کرنے کے درپے ہے۔ یہوداہ اپنے قارئین کرام کو چیلنج پیش کرتا ہے کہ وہ اپنے پاک ترین ایمان میں ترقی کریں۔ان کو درپیش جنگ کمزوروں کے لئے نہیں ہے۔

شیطان زبردست اور مخالف ہے۔اگر آپ کو اُس کے ساتھ جنگ کرنی ہے۔تو پھر آپ کو اپنے ایمان میں ترقی بھی کرنا ہوگی۔

جب تک آپ خدا کے کلام اور خدا کے لوگوں کے ساتھ زیادہ وقت نہیں گزاریں گے، اُس وقت تک آپ کی ایمان میں ترقی نہیں ہوگی۔

خدا کے ساتھ شخصی طور پر دعائیہ زندگی آپ کی اولین ترجیح ہونی چاہیئے۔ اگر آپ نے دشمن کے حیلوں اور بہانوں کو پہچاننا ہے تو پھر لازم ہے کہ آپ خدا اور اس کے کلام کو پہچانیں۔

اِس کا مطلب اپنی زندگی میں اُن تمام اثرات سے چھٹکارا پانا ہے جو آپ کو خداوند اور اُسکے کلام سے دور لے جاتے ہیں۔ اگر آپ اُس درپیش جنگ میں فتح پانا چاہتے ہیں تو پھر آپ خداوند میں مضبوط ہوں۔ اُسے اپنی زندگی کی اولین ترجیح بنالیں۔ کبھی بھی خدا اور اس کے کلام کو نظرانداز نہ کریں۔

روح میں دُعا کریں (20 آیت)

ہماری دعائیہ زندگی بھی بہت اہم ہے۔ خدا کی قدرت دعا کے وسیلہ سے ہی کام کرتی ہے۔ تاہم اس بات پر غور کریں، اِس سے مراد وہ دُعا نہیں جس کا ذکر یہوداہ رسول یہاں پر کررہا ہے۔ وہ ہمیں روح میں دُعا کرنے کے لئے اُبھار رہا ہے۔ روح میں دُعا سے کیا مراد ہے۔ بعض لوگ اس کی تفسیر غیر زبانوں میں دعا کرنا کرتے ہیں۔ تاہم اِس تفسیر میں ایک مسئلہ ہے۔ اور وہ یہ کہ تمام ایمانداروں کے پاس غیر زبان کی نعمت نہیں

ہوتی۔(1 کرنتھیوں 30:12)البتہ ہوسکتا ہے کہ یہ اُس دُعا کا حصہ ہو جس کا ذکر یہاں پر یہوداہ رسول کر رہا ہے۔

بطور ایماندار ہمارے لئے یہ بہت ضروری ہے کہ ہم اپنے ذہن میں دُعائیہ نکات کی ایک ترتیب رکھیں اور اس کے ساتھ یہ بھی اہم ہے کہ اہم خدا کے روح کی ہدایت اور رہنمائی سے دُعا کرنے کے فن کو سمجھیں اور سیکھیں۔

اس کا مطلب ہے کہ ہماری دُعا میں روح القدس کی تحریک اور سرگرمی پائی جائے۔جس طور سے ہمیں دُعا کرنی چاہیئے ، اِس مقصد کے حصول کے پیشِ نظر لازم ہے کہ روح القدس ہمیں متحرک کرے اور ہمیں تحریک بخشے ، کہ روح القدس کے ساتھ آپ کے تعلقات اتنے اچھے ہیں کہ وہ دعا میں آپ کی راہنمائی کر سکے؟

جب ہماری دُعاؤں میں روح القدس کی رہنمائی اور تحریک شامل ہو جاتی ہے۔تو اِس سے کیا نمایاں فرق پڑتا ہے۔ہماری اپنی دُعائیں خشک اور بے جان ہوتی ہیں۔

تاہم روح القدس میں کی گئی دُعائیں زندگی سے بھرپور اور سرگرم دُعائیں ہوتی ہیں۔روح ہمارے وسیلہ سے دُعا کرتا ہے۔ وہ ہی ہمارے دلوں کو متحرک کرتا اور ہمارے دلوں پر اُن چیزوں کا بوجھ رکھتا ہے جو خدا کے دل میں ہوتی ہیں۔(رومیوں 25:8 یعقوب 5:1)

اپنے آپ کو خدا کی محبت میں قائم رکھیں (21 آیت)

یہوداہ رسول ہمیں بتاتا ہے کہ ہمیں اپنے آپ کو خدا کی محبت میں قائم رکھنا ہے۔ جبکہ کہ یہ بات واضح ہے کہ کوئی چیز ہمیں مسیح کی محبت سے جدا نہیں کرسکتی۔ تاہم ہماری محبت کے اِس تجربہ پر گناہ کے بادل چھا سکتے ہیں۔ اور پھر یہ بھی ممکن ہے کہ ہم اپنی پہلی سی محبت کو کھودیں۔ (مکاشفہ 4:2)

اگر ہم اپنے آپ کو اُس محبت میں قائم رکھنا چاہتے ہیں تو پھر لازم ہے کہ ہم اُس محبت کو ٹھنڈا نہ پڑنے دیں۔ حتیٰ کہ خداوند کے لئے بہت برس زندگی بسر کرنے کے باوجود بھی اُس میں قائم رہیں۔

ضرورت اِس بات کی ہے کہ مسیح کی محبت ہمارے دلوں میں روز بروز بڑھتی چلی جائے۔ کیا آپ اُس وقت کی بہ نسبت جب آپ نے خداوند یسوع مسیح کو قبول کیا تھا آج مسیح کی محبت پر زیادہ حیرت زدہ ہیں؟ اُسے موقع دیں کہ اُس کے پرمحبت بازو آپ کو اور بھی زیادہ گھیر لیں۔

اس دنیا کی آزمائش اور ایذہ رسانیاں کبھی بھی آپ کو اُس کی محبت سے متعلق شک میں مبتلا نہ کرنے پائیں۔ اگر دشمن نے آپ کو خدا کی محبت کے بارے شک میں مبتلا کردیا تو پھر آپ ابلیس کی دوسری آزمائشوں کے تعلق سے بھی غیر محفوظ ہوجائیں گے۔ اپنے

آپ کو خدا کی محبت میں قائم رکھیں۔

''ہمیشہ کی زندگی کے لئے خداوند یسوع مسیح کی رحمت کے منتظر رہیں۔(21 آیت)

اِس بات کو محسوس کریں کہ ہم سے پہلے کسی نے یہ دوڑ جیت لی ہے۔اَب جب کہ ہماری منزل عالم بالا اور ابدی زندگی ہے، ہوسکتا ہے۔کہ ابدی زندگی کو جانے والی یہ راہ ہمیں مختلف وادیوں اور دریاؤں سے گزارے۔

یاد رکھیں کہ خواہ وادی کتنی گہری اور راستہ کتنا ہی دشوار اور ڈھلوان کیوں نہ ہو۔صرف اس وعدہ کو یاد رکھیں جو خداوند نے آپ کو ابدی زندگی دینے کے لئے کیا ہے۔وہ آپ کو کبھی نہیں چھوڑے گا۔اور نہ ہی کبھی دستبردار ہوگا۔اُس پر بھروسہ رکیں۔یہ ابدی زندگی آپ سے کوئی چھین نہیں سکتا۔اُس کے رحم اور شفقت کی یقین دہانی، مشکل اوقات اور آزمائشوں میں آپ کی حوصلہ افزائی کرے گی۔

جو شک میں ہیں اُن پر رحم کریں(22 آیت)

جیسا کہ خداوند یسوع مسیح نے آپ کے لئے رحم کا وعدہ کیا ہے۔موقع دیں کہ یہ رحم دوسروں کیلئے آپ کی زندگی سے نمایاں ہو۔بالخصوص اُن لوگوں کے لئے جو ایمان میں کمزور ہیں۔شک کرنے والوں کے پاس پہنچنے اور اُنہیں ایمان میں مظبوط کریں۔

ہمیں ایک دوسرے کی ضرورت ہے۔

دوسروں کو آگ سے جھپٹ کر نکالیں (23 آیت)

کئی ایسے ہیں جو گلہّ اور چرواہے سے دور بھٹک رہے ہیں۔ بعض نجات دہندہ کے خلاف بغاوت کی زندگی بسر کر رہے ہیں۔ بہت سے لوگ عدم معرفت کے باعث گمراہی کا شکار ہو چکے ہیں کہ ان کی روحانی تباہی اور بربادی کا باعث ہوگی۔ ان لوگوں تک پہنچیں اور انہیں خبردار کریں۔

ایسے لوگوں کو راہ راست پر لانے کیلئے آپ جو کچھ بھی کر سکتے ہیں، ضرور عملی طور پر کریں۔ یاد رکھیں کہ آپ کی زندگی میں بھی ایسے اوقات آسکتے ہیں جب آپ کو آگ میں سے جھپٹ کر نکالنے کی ضرورت پیش آجائے۔

خوف کھا کر رحم کریں (23 آیت)

جب آپ مسیح کے نام سے دوسروں تک پہنچتے ہیں تو اُن پر خوف کھا کر رحم کریں۔ یہوداہ رسول یہاں پر کس خوف کی بات کر رہا ہے؟ کیا اِس سے مراد خدا کا گہرا خوف ہے؟ کیا یہوداہ رسول ہمیں یہ بتا رہا ہے کہ ہم اپنی زندگی میں خوف کی گہرائی تک پہنچیں؟ کیا وہ ہمیں یہ بتا رہا ہے کہ ہمارے محرکات قادر مطلق خدا کو جلال دینے کا باعث ہوں؟

اُس کی عزت اور جلال کے تعلق سے ہماری دلچسپی ایسی ہونی چاہئے کہ ہم اُن لوگوں

تک پہنچنے میں ہر طرح کا خطرہ مول لینے سے بھی دریغ نہ کریں جو ہلاکت کی راہ پر گامزن ہیں اور جو کسی طور پر بھی اُس کے نام کے لئے باعث عزت وجلال نہیں ہیں۔

اگر آپ جنگ جیتنا اور ایمان کے لئے جانفشانی کرنا چاہتے ہیں تو پھر لازم ہے کہ آپ میں ایسا دل ہو جس میں خوف خدا ہو، ایسا دل جو گہرے طور پر خدا کی عزت اور احترام کا خواہشمند ہو۔

اُس پوشاک سے بھی نفرت کرو جو جسم کے سبب سے داغی ہوگئی ہو۔(23 آیت)

نہ صرف یہ کہ ہمارے دلوں میں خدا کا گہرا خوف اور اُس کی عزت وتکریم ہو بلکہ ہمیں اپنے دلوں میں اِس دُنیا کی بدی اور بدکاری کے خلاف نفرت کو پیدا کرنا ہوگا۔آپ کبھی بھی خداوند کیلئے زندگی بسر نہیں کر سکتے۔ جب تک کہ آپ بھی اُن چیزوں سے نفرت نہیں کرتے جن چیزوں سے اُسے نفرت ہے۔

آپ دو مالکوں کی خدمت نہیں کر سکتے۔ اُس دُنیا اور گناہ کے لئے آپ کے دل میں موجود محبت خدا کے ساتھ روزمرہ مسیحی زندگی بسر کرنے میں ایک بہت بڑی رکاوٹ ہے۔گناہ اور بدکاری کے خلاف نفرت اُسی صورت میں ہوگی۔ جب روح القدس کو اپنی زندگی میں کام کرنے کا موقع دیں گے۔اور خداوند اپنے نجات دہندہ کی رفاقت

میں زیادہ سے زیادہ وقت گزاریں گے۔

یاد رکھیں، وہ آپ کو ٹھوکر کھانے سے بچا سکتا ہے۔(24 آیت)

آخر میں یہوداہ ہمیں یاد دلاتا ہے کہ ہمارا نجات دہندہ ہمیں ٹھوکر کھانے سے بچا سکتا ہے۔ بلاشبہ دشمن بہت زورآور اور زبردست ہے۔ لیکن ہمارے لئے دلیری کی بات یہ ہے کہ ہمارا نجات دہندہ اُس سے بھی کہیں زیادہ فاتح، غالب اور زبردست ہے۔ اگر ہم اُس پر بھروسہ رکھیں تو وہ ہمیں قائم اور محفوظ رکھنے کی قدرت رکھتا ہے۔ ہمیں گرنے کی کوئی ضرورت نہیں ہے۔ اگر ہم اُس پر بھروسہ رکھیں تو وہ ہمیں سنبھالے رکھے گا۔ کسی بھی طرح کی آزمائش جو ابلیس ہماری زندگی میں لا سکتا ہے۔ ہمارا خداوند اُس سے کہیں زیادہ بڑا اور عظیم ہے۔

یہوداہ رسول ہمیں یاد دلاتا ہے کہ خداوند یسوع مسیح ہمیں خدا باپ کی جلالی حضوری میں بے عیب کر کے کھڑا کر سکتا ہے۔

یہ کیسے ممکن ہو سکتا ہے؟ یہ صرف اور صرف اس معافی کے باعث ہی ممکن ہے جو وہ ہمیں عطا کرتا ہے۔ حتیٰ کہ جب ہم اُس کے معیار پر پورا بھی نہ اتریں تو ہم اُس کے پاس آ کر گناہوں کی معافی پا سکتے ہیں۔ خداوند یسوع مسیح کی مہیا کردہ معافی کے باعث ہم خدا باپ کے حضور کھڑے ہو سکتے ہیں۔ ہمارے لئے ایسا کرنا ہمارے خداوند یسوع

مسیح کی خوشنودی ہے۔ وہ کمال خوشی کے ساتھ ہمیں خدا باپ کے حضور بے عیب پیش کرنے کی قدرت اور اختیار رکھتا ہے۔

گناہوں کی معافی سے بڑھ کر خداوند کیلئے کوئی اور خوشی کی بات نہیں ہے۔ جب کوئی ایک گناہ گار توبہ کرتا ہے تو آسمان پر بڑی خوشی ہوتی ہے۔(لوقا 15:7) جب آپ گر پڑیں تو معافی کے لئے اُس کے پاس آجائیں۔ معاف کرنا ہی اُس کی خوشنودی ہے۔ ہم سب گناہ میں گر سکتے ہیں۔ یہ جاننا کس قدر خوشی کی بات ہے کہ جب ہم اُس کے پاس آتے ہیں تو وہ ہمیں معاف کر دیتا ہے کیوں کہ وہ ہمیں معاف کرنے کے لئے ہر وقت تیار رہتا ہے۔

یہوداہ رسول اِس خط کا اختتام خداوند کی پرستش وستائش اور شکرگزاری کے ساتھ کرتا ہے۔اس فتح کی روشنی میں جو کہ یسوع مسیح میں ہماری ہے، اِس خط کو ختم کرنا ہی ایک موزوں اور مناسب انداز ہے۔

اُس خدای واحد کا جو ہمارا منجی ہے، جلال اور عظمت اور سلطنت اور اختیار ہمارے خداوند یسوع مسیح کے وسیلہ سے جیسا ازل ہے، اب بھی ہو اور ابدالآباد رہے۔ آمین۔

(آیت 25) اُس کام کی بدولت جو خداوند یسوع مسیح نے کیا ہے، جلال اور عظمت اُس زمین پر خدای ثالوث کو ملتی ہے۔ خداوند یسوع مسیح نے خدا کو ہم پر ظاہر کیا ہے۔ یسوع

کے وسیلہ سے تا ابد تمام انسانی لب اُس کے نام کی تعریف کرتے ہوئے اُس کے نام کو جلال دیتے ہیں۔

چند ایک غور طلب باتیں

☆۔ کلام کے اس حصہ میں خاص طور پر کون سا چیلنج پایا جاتا ہے؟

☆۔ کیا کوئی ایسی بات ہے جسے آپ اپنی زندگی میں عملی جامہ پہنانے کی ضرورت محسوس کرتے ہیں؟

☆۔ غور کریں کہ یہوداہ رسول ہمیں ایمان میں قائم رہنے کے بارے میں کیا بتاتا ہے۔ اور پھر چند ایک سچائیوں کا انتخاب کریں جنہیں آپ کو اور بھی گہرے طور پر اپنی زندگی میں اپنانے کی ضرورت ہے۔

☆۔ آپ کی روحانی زندگی میں رکاوٹوں سے نبرد آزما ہونے کے لئے کون سی چیز آپ کے لئے معاون ثابت ہوگی؟

☆۔ کیا روحانی زندگی آسان ہوگی؟ آپ کون سی رکاوٹوں کا سامنا کرنے کی توقع کرتے ہیں؟ اُن رکاوٹوں سے نبرد آزما ہونے کے لئے یہوداہ کون سی مدد کا یہاں پر ذکر کرتا ہے؟

دُعائیہ نکات

☆۔کلام کے اِس حصہ میں خداوند نے جس فتح کا وعدہ کیا ہے اُس کیلئے اُس کی شکر گزاری کریں۔

☆۔کیا آپ کسی ایسے شخص کے بارے میں جانتے ہیں جو ایمان سے بھٹک چکا ہے؟ خداوند کے حضور شفاعت کریں کہ وہ آپ پر اِس بات کو ظاہر کرے کہ آپ کس طرح اُس شخص کو آگ میں سے جھپٹ کر بچانے میں مدد کر سکتے ہیں۔

☆۔خداوند سے کہیں کہ وہ آپ کو اپنے جلال اور عزت کو اِس دُنیا میں ظاہر کرنے کیلئے استعمال کرے۔